世界失墜神話

篠田知和基

八坂書房

ヨーゼフ・ハインツ《パエトンの墜落》1596 年
ライプツィヒ造形美術館

［扉の図］
天から堕ちるルシフェール
（ギュスターヴ・ドレ画『失楽園』挿絵　1866 年）

❖『世界失墜神話』目　次

はじめに　7

I　落ちた神……………………………………13

一、神の失墜　15
天空神の交代　15
クロノス／エンリル／アフリカの創世神話／皇帝の交代
転落した神　19
ヘーパイストス／ディオニュソス／蚩尤／ナフシャ
天使の失墜　24
ルシフェール

二、神の追放　28
地獄の劫罰　28
ロキ／プロメテウスの火／イシュタール／ナポレオン・ボナパルト
自己流謫　33
インドラ／スサノオ／大国主とオシリス／デーメーテール
神の死　37
イザナミの死／スクナヒコナ／ハイヌウエレ／オホゲツヒメ／オシリス／王の殺害

三、降臨する神　42
天孫降臨　41
ニニギノミコト／朱蒙／蒼き狼／かぐや姫／受胎告知／黄金の雨
神の訪れ　47
神のお告げ／星娘／ジャンヌ・ダルク

II　神と人のあいだ……………………………51

一、文化英雄の死　53

鳥になって死ぬ 53
クフリン／ヤマトタケル／イカロス
馬によって死ぬ 56
パエトン／ベレロフォン／ヒッポリュトス
海を渡る英雄 60
マウイ／ヘラクレス／アーサー王
二、落ちた神人 62
仙人と天女 62
落ちた仙人／天人女房／神人の流謫
天翔る神霊 65
天狗／役行者／半神／神仏習合
天神と怨霊 69
王権神授／道真の怨霊／崇徳上皇の怨霊
三、堕ちた覇者 73
一代の風雲児 73
平将門／道鏡／スターリン／ヒトラー
武士の時代 76
平清盛／源義経／カエサル／カリグラ
スポーツ界のヒーローたち 78
四、世界の終わり 79
文明の終焉 80
裏切られた革命／連続テロ／文化大革命
終末 82
アポカリプス（黙示録）／ラグナロク／大洪水
大災厄 87
日本沈没／核戦争／ペスト
III 神の失格 …………………… 91
一、失格した神 93
不道徳な神々 94
ふしだらな神ゼウス／泥棒の神ヘルメス／クーリーの牛争い
淫らな女神たち 99
愛の女神アプロディテ／素行のさだまらぬフレイヤ／性器を露出する鈿女
神の資格を喪失した神 103
ケルトの神ヌアザ／策略の神ロキ／ニギハヤヒ
二、恐ろしい女神 105
殺戮する女神 94
セクメト／ドゥルガ／火山の神イザナミ
嫉妬深い女神 108
ヘラの嫉妬／魔女ランダ／キュベレ／怖い女クリームヒルト／
エレシュキガル／モリガン

三、残虐な神 113
暴虐な神 113
アポロンの復習／ポセイドン／荒ぶる神
戦いの神 116
不公平な神ヤーヴェ／トロイ戦争／『マハーバーラタ』
呪われた一族 119
アトレウス一族／テュポン／セト

四、奇跡とまやかし 122
奇跡と幻術 122
イエスの奇跡／モーセの手品／ゼウスの奇跡／トール
の奇術／リアノン
神の沈黙 126
アウシュヴィッツ／南京虐殺／生体解剖
信者の試練 131
踏み絵／殉教／ルルド

五、民間信仰 135
西欧の民間信仰 136
黒聖母／イシス信仰／テンプル騎士団
民衆の俗信 139
天白信仰／蛇神信仰／漂着神信仰
公認の俗信 140
弥勒信仰／御霊信仰／稲荷信仰

六、神々の住まい 144
世界の聖地 146
ギリシャ／エジプトと高天原／北欧
神殿と墓地 152
神殿／墓地／神々の夜と昼
偏在する宇宙 155
高天原／常世／死の国

IV 文学のなかの転落……………161
一、フランス文学I 二十世紀 163
アナトール・フランス『天使の反逆』／サン＝テグジュペリ
『星の王子さま』／ジャン＝ポール・サルトル『悪魔と神』／
アルベール・カミュ『転落』
二、フランス文学II 十九世紀以前 167
エミール・ゾラ『居酒屋』／アベ・プレヴォ『マノン・レス
コー』／オノレ・ド・バルザック『幻滅』
三、日本文学 170

『竹取物語』／梶井基次郎『Kの昇天』／宗谷真爾『虐殺された神』／沢木耕太郎『イルカと墜落』

四、SF 172

ロバート・シェリフ『ついらくした月』／ウイル・マッキントッシュ『落下世界』／シルヴァン・ヌーヴェル『巨神降臨』

五、世界の文学 174

カレル・チャペック『流れ星』／タニス・リー『黄の殺意』／クリスティーネ・ネストリンガー『空からおちてきた王子』／チェーザレ・パヴェーゼ『流刑』／フランツ・カフカ『流刑地にて』／ヨハネス・ヴィルヘルム・イェンセン『王の没落』／ジャン・レイ『マルペルチュイ』

象牙の塔 177

おわりに 180
註記 183
主な参考文献 211

北欧神話の終末「ラグナロク」へと向かう、神々と巨人たちとの戦い
（ドイツ語版『ヴァルハラ』挿絵　1888 年）

はじめに

世界は終わりを迎えようとしている。
ボードレール

神は常に天上にいて、地上への転落の神話などとは無縁のように思えるかもしれない。しかし、神もまた落ちるのである。それも神々を統率する至高神からしてその高御座から往々にして落ちる。あるいは位を追われる。人に見捨てられる。至高神の地位を虎視眈々と狙っている神々がいるのである。クロノスはゼウスに追われた[01]。メソポタミアのアヌはエンリルに追われた。「父を凌ぎその地位を脅かす強い息子」(安村典子)の存在はいたるところの神話に語られる。至高神というだけで、とくに膂力や知力において、ほかの神々を凌駕するものをもっているわけではない神は、いつ下級神に玉座をくつがえされるか薄氷を踏む思いでいるのである。ましてや位の低い山野の神ならニンフにさえ馬鹿にされる。音楽の技を誇ってアポロンに挑んだ山野神のマルシアスは神の怒りを蒙って皮を剥がれて殺された[02]。人間の欲望や宿命を神格化して語るのが神話であるなら、そこに神の落魄を語る神話があっても不思議ではない。とくに世界の終わりに神々がつぎつぎに天から落ちてくる光景も想像されるだろう。しかしまた、神話によっては、終末までいたらないところで、天の命によって、地上に下される神もいる。罰としてではなく、何らかの使命をもって降りてくるのではあっても、神の降下であることはまちがいない。そうやって地上に下された神が天上世界をなつかしむこともあるだろう。かぐや姫はおそらく天上世界で罪を犯して、罰として地上に落とされたのである。(03) その間、彼女は故郷の月を見ては涙をながしていた。しかし、刑期が尽きれば、天から迎えがくる。ニニギのミコトは地上を平定し、そこにアマテラスの神裔の治世を確立するという使命を達成した後、どうなったのか語られないが、かぐや姫とおなじく天を眺めては涙することもあったのではないだろうか。一般に神の栄光をのみ語るかのようにみえる神話にも、「その後」、あるいはその「裏面」があるのであり、神々の最後を語る「終末」の物語がある。神または神にひとしい英雄の栄光の裏面はプロメテウスに、ヘラクレスに、(04) カエサルに、ナポレオンに見ることができるだろう。世界の終わりはまた北欧のラグナロクに、あるいはアポカリプス（黙示録）に見られよう。

　人間はもちろん落ちる。「人間は生き、人間は堕ちる」（坂口安吾）。安吾は姪の自殺をまえにして、「美しいうちに死んでくれてよかった」「壊れそうな危なさがあり、真っ逆さまに地獄へ堕ちる不安を感じさせるところがあった」という。『堕落論』だが、人間は何をしなくとも落ちる。天使は反逆をして落とされる。(05) 遠藤周作は『反逆』で、戦国の武将たちが、天下人の命に背いて、反逆に追いこまれる様子を描いた。(06) 成功者に嫉妬、讒言がふきあれる。信頼していた主君から、過酷な命令がくだる。思わず反論をする。

それが主君の逆鱗に触れる。反逆天使の失墜がはじまる。

降ることに、罰か、命令かをとわず、天上から地上への降下・追放を「失墜」「転落」とみるなら、イカロスの神話があり、『失楽園』の物語がある。(07) 文学では、カミュに『転落』がある。いや、ゾラの『居酒屋』でも、酒におぼれる男の転落の話がある。この男はそもそも屋根から落ちた屋根職人だった。『マノン・レスコー』だって、宿命の女に入れあげて、転落に転落を重ねる男の物語だ。それらにたいして、そうやって落ちてゆく人間を神は無慈悲にも冷酷に見捨てている。人間が落ちてゆくのは、原罪を犯して以来の逃れられない運命であると、神は言うようである。

しかし神もまた神話によっては失墜をまぬかれない。鍛冶神へーパイストスはその醜さのゆえに見るのも厭わしいと母神ヘラにいわれて天の高みから地上へ投げ落とされた。(08) 落ちたのがレムノス島で、落ちた時に足をくじいて、足萎えの障碍者になった。天空神ウラノスは妻ガイアに疎まれて、息子クロノスによって性器を切り取られて、天の涯に追いやられた。そのクロノスも、(09) 後に、実の息子ゼウスによって、駆逐され、地の果てに追いやられた。神でも追放の罰を課されることがあるのである。(10) その例が根の国に追いやられたスサノオであり、地獄のヘルに落とされたロキである。いや、北欧の神々の世界では、敗北の苦杯をなめるのはロキだけではない。世界の終わりがやってくると、ラグナロクの戦いで、アスガルドの神々はすべて、打ち負かされ、滅び去る。神もまた失墜の味を知り、地獄に呻吟し、死に、滅びるのである。(11) あるいはプロメテウスのように地の果ての岩山にしばられて、ハゲタカあるいは鷲についばまれる劫罰に服する。インド神話でも神々の地位は安泰ではなく、インドラもヴィシュヌも悪霊らとの闘いで、敗れて敗北を喫する。[12] インドラはバラモン殺しの罰を恐れて、水中に隠れた。[13] その間、彼の代わりに神々の王に推されたナフシャは、聖仙たちに彼を乗せたかごをかつがせ、彼らの頭に足をのせるような破廉恥な行いをしたために、天をゆくかごから大地に落とされた。ケルトではダーナ神族はミレー神族に敗れて、地下に放逐される。アステカでは至高神ケツアルコアトルは敗れて、いずくともなく去ってゆく。天界における神々の座は絶えず脅かされている。至高神の交代はメソポタミア以来、神話の常態でさえある。[14] 万物の主として絶対の支配権をふるうのはヘブライのヤーヴェだけである。しかしそのヤーヴェもキリスト教の神としては、新約聖書ではイエスとしてあらわれ、十字架にかけられる。異端の邪宗では、偽の救世主が信者の集団自殺を教唆する。聖書ではもちろん、天使ルシフェールの失墜の物語もある。罪を犯さない神はなく、多くの神は覇権争いに敗れて至高神の位置を追われる。そしてまた、文明の終わりにあたっては、神々は忘れられ、打ち捨てられる。ホロコーストの時代には、その残虐さに対して、神は無力であり、何もできない。神の失墜はその前からはじまっていたのかもしれない。

神が人間にあらわれるときも降臨とおなじような形をとる。クライブ・ハートは『飛翔論』で超越的存在が人間に臨むときの形として、上昇と下降と水平飛行とがあることを絵画をもとにして論じたが、日本神話で、ヤマトタケルが東へ追いやられたのは一種の追放であり、その最後が白鳥になって飛んでいったというのも、それに準じていえば、超越者の飛行であり、それも死へ向かう飛行だった。ほかの神話でも、超越者が一時人間界にとどまっていた後で、死んで鳥になってあの世へ飛んでゆく例は少なくない。クフリンも鳥になって飛んでいったと語るヴァージョンもある。(15)ケツアルコアトルも羽を広げて飛び去っていったのではないだろうか。スクナヒコナは翼は持っていなかったが、粟の茎に上って、はじかれて常世へいったという。これもどちらかといえば水平飛行だった。あの世へいく飛行である。降下、降臨、堕落、失墜、転落、墜落、殺害、左遷等等、落ちることの先は奈落、地獄、あるいは虚空であり、虚無であり、あの世であり、忘却である。その原因あるいは責任は神そのものにあるかもしれない。神が神にふさわしくないものになるとき、神の失墜ははじまる。神が神として期待される勤めを果たさないとき、人は神を忘れ去る。それは世界の終わりでもあるだろう。その神及び神に等しいものの失墜と世界の終末の諸相を東西の神話・文学にたどる。

「反逆天使たちの失墜」
ランブール兄弟『ベリー公のいとも豪華なる時禱書』
15 世紀　シャンティイ、コンデ美術館

天空のへりにおいやられた反逆天使たちが次々に奈落へ落ちる。落ちてゆく天使が青く描かれている

Ⅰ　落ちた神

「地獄のルシフェール」
ランブール兄弟『ベリー公のいとも豪華なる時禱書』
15世紀　シャンティイ、コンデ美術館

地獄へ落ちた人間たちが、サタンとなった
ルシフェールの口から噴出され中空に舞う

オリュンポスから、あるいは天空から、神々が落ちてきた。落ちた理由はさまざまだが、神は天から落ちても死なない。天使もまた天と地のあいだを自由に飛び回る。神にはヘルメスのように小さな翼をもったものもいるが、多くは翼をもたず、雲に乗って移動するようである。グノーシス主義では、「魂ないし霊は、世界もしくは身体の中に転落したのだ」という(ハンス・ヨナス『グノーシスの宗教』)。

一、神の失墜

「軽く瞬く間もあらばこそ、神々はみな王座より堕ち、世界はすべて真っ逆さまに、音を立てつつ崩れ落ちたり」(ペタル二世ペトロビッチ＝ニェゴシュ『小宇宙の光』[16])。

天空神の交代

天空神はどこでも交代する。絶対権力は長く保持できないものなのか、あるいは、めぐる天球にあわせて一番鮮やかな星が地平に沈み、ほかの星がそれにとってかわることを神話でたとえているのだろうか。天空神ではないが、大国主からニニギのミコトへの地上の覇権の交代もそこに加えてもいいかもしれない。

クロノス

ギリシャの至高神ゼウスはウラノス、クロノスについで三代目で、彼自身、みずからの息子によって位を追われる運命であったといわれる[17]。ディオニュソスがその一人で、いずれ、ゼウスにかわって世界を統率する定めであるとされる。息子によって位を追われる王の物語は枚挙にいとまがない。父神を子神が天へ押し上げた話はポリネシアでも語られる。しかしウラノスの場合は、ヒッタイトのクマルビと並んで[18]、凄惨な場面を展開する。ウラノスは大地女神ガイアから生まれて、その母と交わって神々を生んだ。しかし、ウラノスはたえずガイアの上におおいかぶさっていたので、生まれた子供たちはウラノスにおしつぶされて、息もできなかった。ガイアがそれを憤って、クロノスに鎌を与え、ウラノスに立ち向かって、彼を天の涯に追いやるように命じた[19]。この時、ガイアが具体的には何を望んだのか、ウラノスの死か追放か、わからないが、子供のクロノスは、ガイアにおおいかぶさるウラノスの男根を切り取った。去勢処罰である。

　実際に天の涯に追いやるには、鎌をふりまわして威嚇するだけでも十分だったかもしれない。また、去勢処罰なら、家畜でおこなわれているように、睾丸を摘出するだけでもよかった。男性能力を喪失させるにはそれで充分だったのである。しかしクロノスはウラノスの男根を切り取った[20]。それだけではなく、それを取って背後に投げ捨てた。切られた男根は母神の膣のなかに入っていたのである。それをクロノスは穿り出した。ある意味では母親を犯したのである。そうやって抜き取った父親の男根は、海に落ちて美神アプロディテを生み出した[21]。この女神はクロノスと海の女神とのあいだに生まれたといってもいい。海底の貝のなかから生まれたのだが、貝は母神の性器あるいは子宮であろう。女神はルドンの絵に見るように貝の中で眠っていたが、

ジョルジョ・ヴァザーリ《クロノスとウラノス》1560年
フィレンツェ、パラッツォ・ヴェッキオ

クロノスはのちには鎌をもった老人としてあらわされるが、
ここでは幼子である。彼は父親の男根を刈り取っている

眠りから覚めると、すっかり成長しきった女性として波の上にたちあらわれた。

　その女神の裸身に、花の女神フローラが花の衣をきせかける。やがて彼女は天にのぼってゆく[22]。一方、男根を切り取られたウラノスはもはや女神たちにも相手にされず天の涯にさみしく逼塞する。何もしない神、暇な神、デウス・オティオススの役割に甘んじるのである。

エンリル

　この神話はヒッタイトのクマルビ神話からきているといわれる。クマルビは父神の性器を噛み切って天の涯に追いやってみずから神々の王になった。シュメールでは天空神アヌは、息子のエンリルによって天の涯に追いやられた。そのエンリルもマルドゥクによって、とってかわられる。ポリネシアでは、大地女神の上にランギが年がら年じゅう、覆いかぶさっていたのを、子供のタネが天の高みへ追

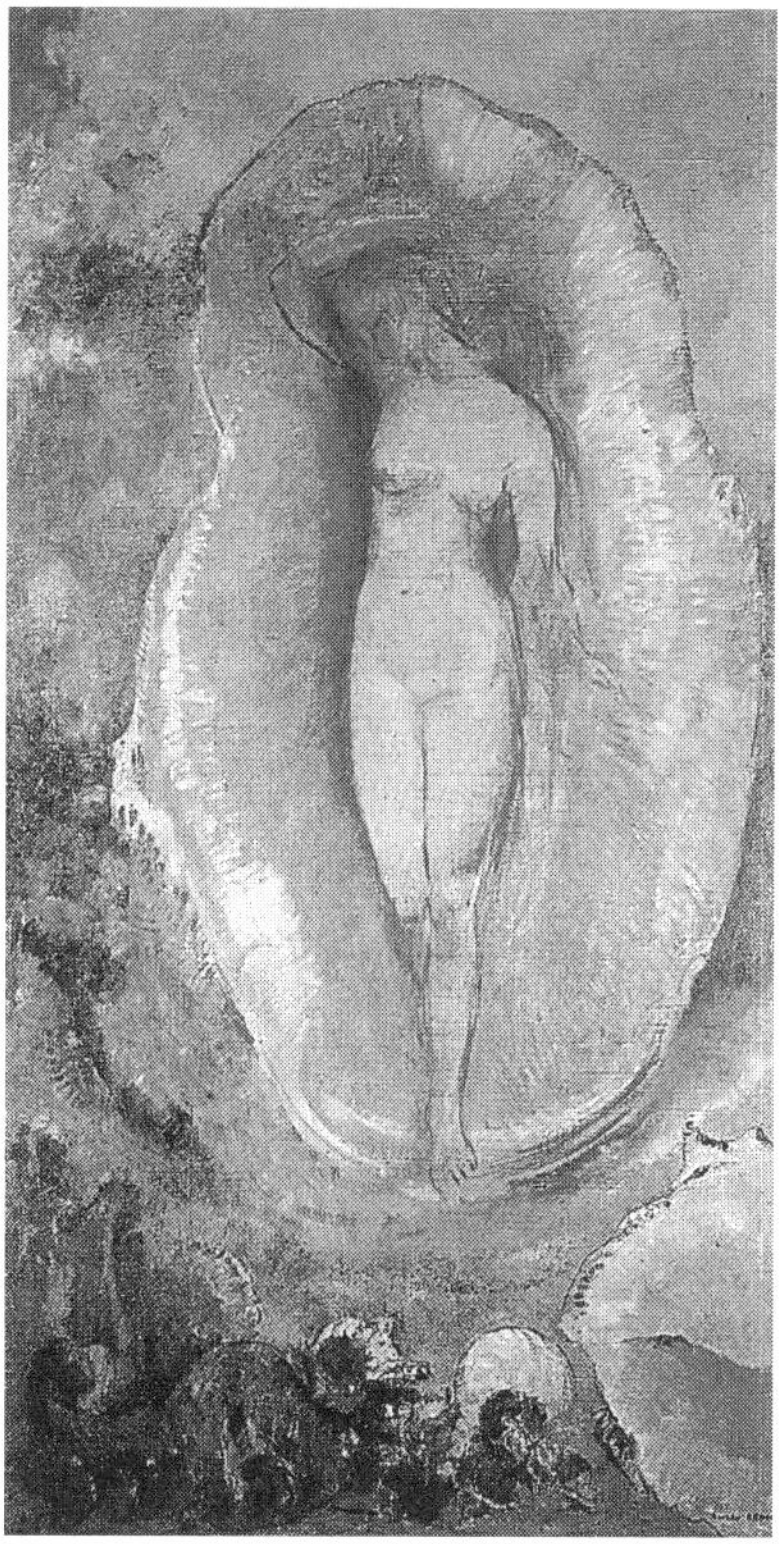

オディロン・ルドン《ヴィーナスの誕生》1912 年
ニューヨーク近代美術館

カール・フリードリヒ・シンケル
《天空神としてのウラノス》1834 年
ベルリン工科大学建築美術館

いやった。[23] 神々の交代は人間の進歩、あるいは自然の支配の進展に対応するものかもしれない。原初の神は人文神にとってかわられる。あるいは老いた父は若い息子にとってかわられる。その際、神が不死身であれば、世代交代は殺戮ではなく、追放ですむ場合もあるが、ウラノスの場合はそれではすまなかった。その子のクロノスはゼウスによって追われて、地の果てに流された。[24]

アフリカの創世神話

アフリカでも天地の分離が語られる。女が長いつき棒で、穀物を突く、あるいは、長い鍬を振り上げて、畑をたがやす。すると、その棒や鍬が天につきあたる。天の神は怒って天空へ去ってしまい、人間と神々の交通はとだえた。あるいは最初の人間が斧で大地を打って、二つに分かれろ、明るくなれと言った。すると天地は分離した。フォン族の神話では最初の人間は兄弟として生まれたが、兄は天上を去って地上に住む決心をした。弟は母の元を離れなかった。兄は下へ降り始めるともうもどれなかった。どんどん降りて地上に達した。もう一つの神話では、母神が世界を作って、天へのぼり、地上では人間たちがどうしていいかわからずにいた。そこで、母神はひとり子に金属をもたせて地上へ派遣する。ひとり子は人間たちに金属で畑を耕作する方法をおしえ、天にもどる。ドゴン族の神話では天空神アンマが大地と交わってノンモを生む。アンマは天空に去り、ノンモは地上にくだってくる。父神が天空を支配し、子神が地上を統率し、母神が地下をおさめるという構造は世界的にみられるものである。[25]

皇帝の交代

天空神の地上的あらわれは皇帝とみなされるが、皇帝の世代交代は弑逆によることが多い。ローマでは初代王ロムルス以下七代の王のうち、第五代、第六代の王が暗殺された。タルクイニウス、セルヴィウスである。帝政期の皇帝でもカリグラ、コンモドゥス、マクリヌス、そして、神に等しい絶対者カエサルも殺された。[26] 皇帝や王はもっとも強いものであるべきだという観念があり、強くなければ殺されたのである。王殺しとしてはフランス革命で首を切られたルイ十六世の例がある。イギリスの王室史も血にまみれている。(27)

転落した神

至高神ではない神々は天界から地上に落とされることがあった。鍛治神ヘーパイストスは神々の母ヘラの子供として生まれたが、生まれつき醜く、母神にきらわれてオリュンポスから、地上へ投げ落とされた。(28)ヘラは夫のゼウスがつぎつぎに女神や人間の女に手をだして、いたるところで子を産ませているのを見て、憤懣やるかたなく、自分でもゼウスによらずに子供をつくってみせるといって産んだ子供で、その子に対する母親の愛情などは薬にしたくもなかったのである。(29)

ヘーパイストス

性交によらずに子供をつくる能力はとくに原初神に特有のもので、エジプト神話でも最初の神は混沌の海にうかぶ

カール・フォン・ピロティ《カエサルの暗殺》1865 年　ニーダーザクセン州立博物館
請願者に気を取られるカエサルのうしろで短刀をふりかざしている男がいる

ベンベン岩の上で自慰をして神々を生んでいる。ヘラの場合は、どういう方法でヘーパイストスを生んだのかあきらかではないが、神にできないことはないのかもしれない[30]。

ヘーパイストスは天から落とされて、レムノス島に着陸したが、その際、足をくじいて、以来、片足をひきずるようになってしまった。顔が醜い上に足の障害があって、誰にも見向きもされないところを神々の配慮で、天界でも最高の美女アプロディテとめあわされた。それをアプロディテが承知したのには、彼女にも出生をめぐって、あまり大きな口をきけない弱みがあったからかもしれない[31]。それに彼女はヘーパイストスを馬鹿にしていて、情人との情交にうつつをぬかしていた。なかでも軍神アレス（マルス）との不倫はよく知られている。ヘーパイストスはそれを知って、目に見えないほどのこまかな網をつくり、ベッドの上にすえつけて、アレスとアプロディテがベッドにはいって性交に及んだ瞬間に網が落ちて裸のふたりを捕縛するようにしていた。情人たち二人はまんまとヘーパイストスのたくらみにひっかかって、恥ずかしい姿態のまま、神々の目にさらされてしまった。もっとも多情多淫のアプロディテにとって、それくらいのことはなんでもなかったようで、そのあとも情人あさりはやまなかった[32]。ヘーパイストスは母親のヘラにたいしても恨みつらみがあって、なんとか仕返しをしてやろうとしていたが、ある時、ヘラがヘーパイストスの鍛冶場にやって

アレクサンドル・シャルル・ギユモ
《ヘーパイストスの罠にかかったアレスとアプロディテ》
1827年　インディアナポリス美術館

きたとき、まってましたとばかり、彼の細工になる座ったら立ち上がれない椅子をすすめ、女神を虜にしてしまった。その椅子を作って、オリュンポスまでもっていって、そこでヘラを座らせたともいうが、座ったが最後二度と立ち上がれないのはおなじことで、女神をその椅子から解放させるには、ヘーパイストスを連れてきて、椅子の仕掛けを解除しなければならなかった[33]。ヘーパイストスの鍛冶場にはアテナもしばしばやってきた。ある時ヘーパイストスはそのアテナに挑みかかったが、女神にかるくかわされてしまった。しかし、興奮したヘーパイストスの精液は女神の太ももにかかった。女神はそれを羊毛の束でふきとって地面にすてた。そこからエリクトニオスが生まれた[34]。ヘーパイストスの誕生とおなじような単性生殖だった。その他の異常出生では、復讐の女神エリーニュエスたちがウラノスの血から生まれている。

ヘーパイストスを拒絶するアテナ。文芸や機織りの神アテナと、巧みな工人とは、ちょうどいい取り合わせのようにも思えるが、処女神は色事には関心がなかった。彼女の関心はむしろ戦争だった（パリス・ボルドーネ画　1555-60年頃　ミズーリ大学美術考古学博物館）

ディオニュソス

ヘーパイストスは天界から突き落とされたのだが、ディオニュソスは、崖の上から海へ突き落とされた。地上をさまよっていて、トラキアにきたとき、人々が神の来臨をよろこんで、ディオニュソスのあとについて踊り狂ってやまなかった。それを見てその地の王リュクルゴスがディオニュソスを厄介払いするべく海に突き落としたのだ。空を飛ぶのも自由自在の神が、崖から落とされたくらいで、死ぬわけもないし、溺れもしないだろうが、彼をだきとめた海の女神テティスにとっては、それこそ願ってもない機会だったようで、彼女はディオニュソスをひきとめて、オデュッセウスをひきとめたカリプソのように、悦楽の日々をおくったようである。[35]テティスには人間の配偶者がいることはいたが、アプロディテがヘーパイストスを歯牙にもかけなかったように、テティスも神々によっておしつけられた人間の配偶者など、名目だけのことだったようだ。テティスが神と交わって子を生むときは、ゼウスの権威を失墜させる新たな神を生むことになっていて、[36]神々はそれをさけるために、人間の配偶者ペイレウスをおしつけたのである。であれば、崖から落ちたディオニュソスをだきとめたテティスとディオニュソスのあいだに当然情交が交わされ、子が生まれていたらオリュンポスの秩序はただではすまなかったはずだが、神話はそれについては語らない。そもそもゼウスの次の世代の至高神はディオニュソスと目されていて、そのディオニュソスがテティスを愛して、神々をこえる神を生みだしたとすれば、そこで追放される神はディオニュソス自身であったにちがいない。それは、神々がつぎつぎに交代してゆく永劫回帰の神話で、それぞれの世代に至高神の追放の神話がくりかえされるだけのことだったかもしれない。我々に残された神話はゼウスの世代の神話であり、つぎの世代の神話

逃れようとする女神テティスをペイレウスが必死に押さえ込んでいる。両者の背丈の違いにも注目（前490年頃　エトルリア出土）

はディオニュソスがゼウスを駆逐し、そのディオニュソスが彼自身の子によって駆逐されるものだったのだろう[37]。崖から突き落とされたくらいでどうということのない神の転落の物語がことさらに物語られるのは、神にとってかわる神を生むはずのテティスを登場させる仕掛けだったのである[38]。神々の戦いはティタノマキア、ギガントマキア、テュポンとの闘いとくりかえされたが、ゼウスがテュポンを制圧し、エトナ山の下に閉じ込めたことで、ゼウスの覇権に反抗するものはとりあえずいなくなった。が、それがいつまでかは誰も知らない。

　このテュポンはエジプトではオシリスを迫害したセトに相当するといわれるが、中国では黄帝に戦いをいどんだ蚩《し》尤《ゆう》が、テュポンを上回る戦いぶりを示したが、最後は敗れて、首を切られた。この琢鹿《たくろく》の戦いでは、黄帝の娘の魃《ばつ》が、蚩尤がもたらした暴風雨を制御するなど活躍したが、力を使いすぎたせいで天にもどれなくなり、地上にとどまったという。

蚩尤《しゆう》

ゼウスに歯向かったテュポンのように、黄帝にたいして立ち上がったのが蚩尤である。両者の戦いは琢鹿の戦いという。蚩尤は巨人族で、鉄を食い、剛力で、武器を作るのに秀でていた。彼はかつて黄帝と戦って敗れた炎帝の血をひいていた。炎帝は敗れて、南の隅に逼塞していた。黄帝に挑戦することにした蚩尤は多くの武器をきたえ、八十人の兄弟を糾合し、苗《ミャオ》族にもよびかけて、ほかに南方の山林にすむ魑魅魍魎をも味方に加え、戦場にむかった。対する黄帝も四方の鬼神のほか、野獣を動員して待ち受けた。蚩

蚩尤　(漢代の石刻画)

尤は雲霧や風雨を自由にあやつり、黄帝軍を混乱させた。しかし、黄帝軍には知恵者がいて、濃霧でも針路をあやまたない指南車をつくって、濃霧を突破して蚩尤の陣に迫った。次いで両軍は風雨を呼んで戦った。黄帝軍には魃という鬼神がいて、風雨をあやつったが、蚩尤も炎帝の後裔の鬼神を呼んで、両者の戦いはいよいよ激烈となったが、最終的には蚩尤はとらえられて首を切られた。黄帝側でも大活躍をした魃は力を使い果たして、地に落ちて、二度と天にのぼれなかった。

ナフシャ

神々の王インドラは、匠の神の息子トリシラスを殺したが、聖仙の息子を殺したことからくる禍をさけるために身を隠した。神々はインドラの留守のあいだの王として英雄のナフシャを選んだ。しかしナフシャは慢心し、まずインドラの妻シャチーを求め、ついで、聖仙たちに駕籠をかつがせて、その上に乗り、聖仙の頭の上に足を乗せたりした。神々はそれを見てナフシャを駕籠からふり落としてしまった。ナフシャは天の高みから、地の底まで転落した。シャチーはインドラのもとに帰り、インドラは神々の王の位にもどった。その後、神々の王の位はヴィシュヌ、シヴァへと移った。

天から落ちるナフシャ
（ヒンディー語『マハーバーラタ』挿絵）

天使の失墜

「天に忠なる将軍の兵、苦境に立てるサタナを攻めて、その敗残の軍もろともに天の境に追い詰めてゆき、飢えたる深淵へ追い落としたり」「三日にわたり冥府の部隊、王もろともに絶ゆることなく、黒き流れとなりて落ちたり、天の際より冥府の底へ」（ペタル二世ペトロビッチ＝ニェゴシュ『小宇宙の光』）。

ルシフェール

光の天使ルシフェールは[39]、神をも凌駕する存在になろうとして、神の権威に反抗し、神によって地獄へ落とされた[40]。その転落は稲妻のようなものだったという[41]。その失墜はキリストの降誕の前である[42]。キリストは地上でサタンの二度目の失墜を予言している。その二度目の失墜はキリストの磔刑のときにやってくる。キリストの行程とルシフェールのそれはかさなりあう。ルシフェールはキリストを敵としての分身とみていた。キリストもサタンをつねに意識していた。「サタンをしてサタンを追放させよ」と彼は言った。そこで磔刑の後では、地獄へ降りて、サタンに会いに行くのである。サタンはまたベリアルとして、アンチ・キリストの役をした。「この世界がつくられたときから世界を支配する王だったベリアルも、人間の姿になって天空から降りてくる」（『シビュラの託宣』）。『失楽園』では、サタンは、ベリアル、マンモン、ベルゼブブらとともに神に反逆し、一戦を交え、敗北し、さらに再起を期して、アダムとエバを誘惑する。

あるいはキリストが登場したとき、彼を神の子として崇拝するように命ぜられて反発したのだともいう。いずれに

天から落とされる反逆天使たち
（ギュスターヴ・ドレ画『失楽園』挿絵　1866 年）

しても天界から地獄まで、まっしぐらに落ちてゆく。彼には翼がはえているのだから、その翼をひろげて落下を上昇にかえて、また天界まで飛んでゆくこともできたのではないかとも思われるのだが、聖書では「落とされた」としか書かれていない。羽根をむしって突き落とされたとあってもいいところである。(43) 事実彼は、その後、羽根をのばして、地獄を脱出して、地上の上空をかけめぐるのである。ただし絵画資料では、彼の翼は蝙蝠のような膜肢で、あまり高い高度までは上昇できないようにもみうけられる。(44) それでもガブリエルとか、ラファエルといった元の彼の同僚の天使たちの様子をみると、丈のながい五色の翼をもって描かれている。ルシフェールも光の翼をもっていたはずである。彼は失墜のときにその翼を失って、天と地獄をへだてる広大な空間を翼を使えずに落ちたのであろう。それでも地獄へついてみると、蝙蝠の翼がはえている。そして地獄には彼以外に番人はいなく、そこから蝙蝠の翼を使って、飛び上がってくることは可能だったのである。(45)

その地獄にはキリストもやってきた。十字架にかけられ

寒冷地獄を眺めるサタン。巨大なコウモリの翼を広げている
（ギュスターヴ・ドレ画『失楽園』挿絵　1866 年）

て死んで三日後に復活するまでのあいだ、キリストは地獄をめぐってきて、そこのとらわれ人を解放してきたという伝承があるのである。これも一つの転落譚にちがいない。キリストはいったん死んで地獄へ「落ちた」のである。ただそこで、永遠にとらわれているかわりに、地獄を征服して地上にもどってきた。冥界をへめぐったオデュッセウスやヘラクレスのように(46)、イエスも地獄下りをした。そこへ行くのには、彼には翼はなかったから、「落ちた」のである。文化英雄はみな、地獄下りをする。そのイニシエーションをへて、真の文化英雄になるのである(47)。大国主が根の国へ行ったのも、オオナムチから大国主になるために必要なイニシエーションの試練だった。根の国が地下の国なら、根の国訪問は一つの地獄下りだった。その場合、根の国が海のかなたであれ、山の上であれ、暗い闇の国であれ、眠りの国であれ、それは天界からみれば、下界であり、死の国への「墜落」だった(48)。根の国で、大国主はもうひとつの「墜落」を体験する。スサノオの放った鏑矢をとりにいって、野原に火をはなたれたとき、ネズミがでてきて、「内はほらほら、外はすぶすぶ」とネズミの国へまねかれる。このネズミの国はあきらかに地下である。そのとき頭上を炎がはしっている。火の地獄である。それを地下へもぐることでやりすごした(49)。火の地獄の試練をくぐりぬけたのである。

　大国主には翼はなかったが、西洋の天使に相当する有翼神怪としては天狗がいる。これも天から落ちた神霊である。星が落ちたときにその正体は天狗だという例が『日本書紀』にある。また「一夜客星落ちて化して竜馬となる」と柳田の『山東民譚集』にある。「馬に騎りて天降る神アリ」ともいう(50)。天狗は河童や鬼、山姥などとともに神霊の零落したものと柳田はみている。さらに風神・雷神、あるいは雨をもたらす竜神は、神威はたもっているものの正規の祭祀はささげられず、神社にもまつられないことが多いから、やはり零落した神々であろう。志摩の朝熊山に垂迹した雨《う》宝童《ほうどう》子《じ》などもそれらに類するものとみられる(51)。本地垂迹思想がそもそも天竺の如来などが日本にきて、在地の神となって降り立ったものだから、「堕ちた神」の一種なのである。新羅明神など朝鮮からやってきた神も我が国の土地に降り立った神で、その祭祀は半ば非合法の後戸《うしろど》などでひそかに行われるもの、官製の神社システムにはおさまらないものであった。赤山明神、摩陀羅神なども同類であろう。(52)不動明王などもいかがわしい存在だが、コンガラ童子、セイタカ童子など、その眷属もその素性はもっといかがわしい。稲荷はダキニ天からきているので、これも「落ちた神」にちがいない。

二、神の追放

原初神の世代では、至高神の交代のつど、古い秩序の神が天涯あるいは地の果てに追放されたが、人文神の世代でも、至高神に反抗するものは追放の罰をうけた。その代表的な例がプロメテウスである。プロメテウスはゼウスの火を盗んで人間にあたえた罪で、カフカス山の岩に縛り付けられ、鷲がやってきて脇腹をついばむにまかされた。ヘラクレスがやってきて、その戒めをほどく時までそれが続いた。(53)カフカス山は当時の世界の果てである。

地獄の劫罰

ギリシャ神話ではゼウスの覇権に反発して戦った巨人族（ティータン）が地獄に落とされているが、ゼウスに対抗したプロメテウスは地の果てのカフカスに追放された。北

ヘラクレスによって解放されるプロメテウス。ヘラクレスは鷲を矢で射落とした（カール・ハインリッヒ・ブロッホ画　1864年　デンマーク、リーベ美術館）

欧神話ではロキがバルドル殺しの咎で地獄へ落とされた。エジプト、ケルト、インドでは地獄の思想がないか、不明瞭かで、地獄へ落ちた神は知られていない。

ロキ

プロメテウスと似たような試練は北欧のロキも経験した。彼は、神々の仲間バルデルの死の責任を問われて[54]、地獄のヘルの岩に結わえられ、頭上の毒蛇がたらす毒汁をかぶって苦しめられた。ありとあらゆるいたずら、あるいは悪行を繰り返して、誰からも嫌われていたロキだが、彼が地獄へ落ちた時には、その妻もついて行って、彼に注がれる毒蛇の毒を盃に受けて、ロキの苦しみを何とか軽くしようとしていた。ロキにも忠実な妻がいたのである。さらにいえば、地獄につながれていたフェンリル狼は彼の子だっ

罰を受けるロキと器で毒液を受ける妻シギュン。器がいっぱいになると毒を捨てにゆく。その間ロキは毒をあびて身もだえする。それが地震である（『北欧神話の物語』挿絵　1901 年）

たし、地獄の女神ヘル自体がロキの子だった。彼がつながれていた地獄は彼の眷属たちで満たされていた。

プロメテウスの火

プロメテウスの場合はゼウスの火を盗んだとされるものの、どんな火だったかは不明で、オリュンポスで、ゼウスが管理していたかまどの火だともいうが、オリュンポスで、煮炊きをしていたはずはなく、神々の食料はアムブロシアでこれは火を通すようなものではなかった。神々が管理している火としてはヘーパイストスの火があるが、これは地上にあって、その場所さえわかればいつでも簡単に取ってこれそうなものだったが、ヘーパイストスの鍛冶場の在処は不明で、火山の底ともされていた。火山の火であれば、これは簡単には取ってこられない。より厳重に管理されていた天界の火は、ゼウスの雷霆の火で、これを取ろうとするにはオリュンポスへいかなければならないし、雷の火である以上、命の危険をおかさずには取ってこられないものだった。残りはかまどの神ヘスティアが管理する火だが、地上の家々でヘスティアをまつりながら、決して消さないようにたもっていた火は、まさにプロメテウスが火を地上にもたらしてから、家々でそれをまつるようになったもので、それ以前にオリュンポスで、ヘスティアの火が燃えていたという証言はない。あとは地獄の火だが、プロメテウスはゼウスの火を天界で盗んだので、ハデスの

火を盗むプロメテウス。神話ではウイキョウの茎の中に火を隠して盗んだことになっている（ヤン・コシエ画　1637年頃　プラド美術館）

火を地獄から盗んできたわけではない[55]。結局、どこの火かあきらかではないが、ゼウスの火であるのは確かである。

かくてプロメテウスはゼウスの覇権に反逆して、カフカスに追放された[56]。ガイアの息子テュポンは、ゼウスに挑戦状をたたきつけて、オリュンポスにかけのぼった。それまでの巨人たちとの闘い、ティタノマキア、ギガントマキアとおなじく、このテュポンの反逆も鎮圧するには長い時間がかかった。一時はテュポンの勢いがゼウスの権威を上回った。テュポンがゼウスを捕らえ、その足の腱を抜いて、洞穴に隠したときは、ゼウスの王国はそれまでかとも思われた。しかしヘルメスがそれを盗み出して、ゼウスの足につけて、戦いは振出しに戻った。テュポンは山々を担いできては、積み重ね、オリュンポスにかけのぼろうとした。ゼウスは雷霆を投げる。テュポンがひるんだすきに、エトナ山をつかんで、テュポンの上に落とした。これでテュポンはしばらくはなりをひそめる。しかし、彼がちょっとでも動けば、大地は揺れる。エトナからは噴煙がたちのぼる。いつか彼が、その戒めをふりはらって、ふたたびオリュンポスの平安をかき乱さないという保証はない。

イシュタール

メソポタミアの美神イシュタールはみずからの意思で地獄へ下った。はじめ姉で冥界の女王のエレシュキガルに会

華やかな衣装のイシュタール（『バビロニアとアッシリアの神話伝説』挿絵　1916 年）

いにゆくくらいの軽い気持ちであったが、地獄の七つの門をくぐるたびに着ているものを一枚ずつはぎとられて、裸になってゆくところで、事態が深刻であることを思い知らされた。結局最後は、身代わりを立てなければ地上に戻れなかった。最初は情人のタンムーズを不死にしてもらおうと思っていたのだが、自分の蘇生にかかわることとなると、その同じタンムーズを身代わりにせざるをえなかった。[57] 彼女が地獄にとらわれている間、タンムーズが地上で呑気に飲み食いしていたのを知って、憤慨したのである。

地獄へ行ってあわやそのまま地獄にとらわれそうになったのは、アテネの英雄テセウスである。これを救ったのはヘラクレスだった。[58]

ナポレオン・ボナパルト

ナポレオンはセント・ヘレナに追放になった。日本では佐渡や伊予、伊豆などに流された貴顕の士は数多いが、隠岐の島に流された後醍醐天皇の場合は、上皇ではなく現役の天皇が流されたのである。[59] ほかにはもちろん毒殺された

セント・ヘレナのナポレオン（1820 年頃　マルメゾン城美術館）

天皇や親王がおり、ローマではロムルス以来[61]、カリグラ、カエサルのように暗殺の刃に倒れた独裁者が何名も知られている。ヨーロッパではナポレオン以前は遠流より、暗殺のほうが普通だったのは、老いた王を殺して、新しい王が即位する帝王の交代の掟があったからだろう。フレイザーの報告するネミの司祭は、暗殺者の刃に倒れると交代させられた。もっともフランスでも十九世紀になるとカリブ海のグアデループやポリネシアの島が徒刑地として知られるようになってくるが、それらの流刑地に王が流された例はない。ロシアの場合、シベリアへの流刑が以前からあったが、ここでも皇帝が廃位されて、流された例は寡聞にして知らない。

自《じ》己《こ》流《る》謫《たく》

みずから地の果てへ行って身を隠すなり、流刑にあまんずる神がいる。シヴァもヒマラヤのカイラーサに隠棲所をもっていて、そこで苦行にふけっていたりした。スサノオはみずからの意思で根の国へくだった。大国主も半ば自分の意思で出雲に隠棲した。

インドラ

神が流されたのではなく、みずから逃走して、身を隠した例はインドの至高神インドラで、彼は、バラモン殺しの罪を問われるのをおそれて地の果てへのがれ、水中のハスの

ヴァジュラを手にしたインドラ（インド、ソムナートプル、ケーシャヴァ寺院）

茎のなかに隠れた。[61] 息子を殺された聖仙は、復讐のために悪竜ヴリトラをつくりだした。ヴリトラは乾いたものでも湿ったものでも岩や木でも、武器によっても金剛杵ヴァジュラによっても、昼も夜も害されないことになっていた。インドラは昼と夜のあわいに海の泡をヴリトラに投げつけてヴリトラを殺した。彼が水の中に隠れたのはそのあとともいわれる。

スサノオ

追放された神としては日本ではスサノオの例があるが、彼も追放されたにはちがいないが、根の国へ行くのは彼の年来の願いで、自らの意思で根の国へ下っていったといってもいいようである。[62] 彼は海を支配するようにいわれたのが不満で、野山が枯れるほど泣き叫んでやまなかった。[63] 一体どうしたいのかと問われて、母のいる根の国へ行きたいというので、そうまでいうなら根の国へ行くがいいということになった。この追放宣告はもう一度繰り返される。彼が根の国へゆくまえに、別れを告げてゆきたいといって高天原《たかまがはら》のアマテラスのところへ駆け上って行って、そこでさんざん乱暴狼藉をしたあげく、[64] 八百万の神々の裁きをうけて、ひげや爪を抜かれ、千倉置戸という賠償をもとめられたあと、それでは根の国へゆくがよいと追放刑を宣告されるのである。最初は自由意志で根の国へ行こうとし、つぎは神々の判決で、追放されたのである。彼がその根の国でどこまで満足していたか知らないが、高天原の神々に対して怨恨をいだいていた気配はない。根の国を彼の王国として、そこに君臨して満足していたのではないだろうか。[65] ただ、そこから、地上、あるいは高天原へ出ることは禁じられていたようで、オオナムチがスセリ姫とともに逃げたときは黄泉平坂《よもつひらさか》まで追ってきたものの、そこで、お前は大国主となれといって、帰って行った。この世と根の国をへだてる境は越せなかったのである。[66] そこが流刑地の境だったのだ。

大国主とオシリス

その大国主は高天原の神々によって、国譲りを迫られ、条件付きながら出雲に隠棲することを承知させられる。体よく追放されたのだ。そのときの条件は出雲に高天原にとどくような大きな宮居をたてること、そして、幽界を支配することだった。幽界というのが、現世に対して、あの世と同時に精神界をさししめすなら、八百万の神々もそこにふくまれるかもしれない。神無月には神々が出雲につどうのである。単に集うだけではなく、大国主を神々の主として敬うのだとしたら、高天原の主権もゆらいでくる。その辺はエジプトのオシリスがセトによって殺されたあと、死者の国の王として復活したことと同じかもしれない。オシリスは天下の覇権をめぐって、兄弟のセトと争い、一度は棺桶に入れられてナイルに流され、妻のイシスがそれをさがしだして、蘇生させたとき、もう一度、セトがオシリスの死体をうばって、それを一四の部分に切り分け、エジプトの各地にばらまいたのを、イシスがふたたび、拾い集めて、再生させたのである。[67] しかしその時、オシリスは天帝の地位につくのをよしとせず、死者たちの国の王となった。死者の世界に自己流謫をしたともいえよう。[68]

冥界の王として死者を裁くオシリス
（前 1300 年頃　大英博物館）

デーメーテール

穀物の神デーメーテールは娘のコレ（ペルセポネー）がハデスにさらわれた時、娘をさがして地上をさまよい、老婆に身をやつしてエレウシスにやってきて、土地の王にはしためとしてやとってもらった。そうやって身を隠している間、地上では穀物がそだたず飢饉が広まっていた。女神はエレウシスの王宮で、王子デモポンを火にかざして、不死にしようとしていたが、その場面を王子の母親にみられて、女神の目論見はついえた。それでもほかの王子トリプトレモスには麦の穂をあたえ、竜の引く車に乗って、世界に小麦をひろめるように命じた。デーメーテールが身を隠していた間、バウボがやってきて、裾を持ち上げ、陰部をさらして、滑稽なしぐさをした。女神はそれを見て思わず笑いだし、神々の世界へもどることを承知した。おかげで世界の穀物はまた青々と育っていった。この神話はエジプトのハトホル、日本の鈿女のそれに相当する。鈿女の場合はアマテラスを岩戸から引き出す。この岩戸隠れも自己流謫である。

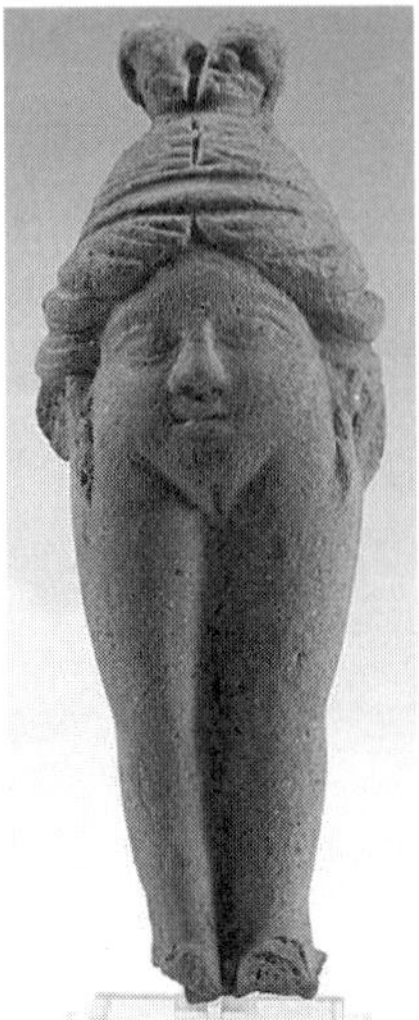

バウボ（アナトリア半島プリエン出土　ベルリン、古典古代コレクション）

陰部に顔を描き、それを伸ばしたり縮めたりして、女神を笑わせた

デーメーテールとコレ（前5世紀　ギリシャ、エレウシス考古学博物館）

神の死

神は不死である。しかしオシリスのように細切れにされてしまっては、死ぬよりほかない[69]。それでもイシスは死者をよみがえらせる魔法に通じていた。イシスがいなければ八つ裂きになったオシリスはそのまま死んでいたのである。ディオニュソスも幼いときに、ティータンたちによって八つ裂きにされたが、アテナが心臓を拾ってゼウスにのみこませ、その後、ゼウスが交わったセメレーを通して再生することができた。その結果、彼は「二度生まれた神」とよばれることになった[70]。ゴルゴン三姉妹はメドゥサ以外不死だったが、メドゥサはペルセウスに首を切られて死ぬ。不死の神も首を切られれば死ぬであろう。日本ではスクナヒコナが熊野の先の岬から、あるいは淡路島から、粟の茎にはじかれて常世へ行ったが、これは彼の死をあらわしているとみられる[71]。彼については常陸の海岸に石神として流れついたという伝承もあるが、これが、常世からの帰還をあらわすのか、最初の顕現の場なのかはっきりしない。また、常世が死の世界であったのか、神にとっては、そこは永世の国で、人の世の生き死にを超越したところだったのか、これは定かではない。

イザナミの死

不死のはずの神の死を語る神話の代表はイザナミの神話であろう[72]。イザナミは国を生み、神を生み、水や山や風や自然を生み、最後に火を生んで、そのためにホトを焼かれて死んでしまう。その原因となった火神カグツチもイザナギによって首を切られて死ぬ[73]。インドでは最初に混沌の海に火の神がはいって生命を生みだす。日本ではその逆に、火が死を生むのである[74]。逆としては、観念的な存在である神が肉体を損なわれて死ぬというのも論理的には不合理である。単に死ぬだけではなく、黄泉の国では、蛆がたかって腐りただれて死ぬ。イザナギが彼女をたずねていったときには、そんな姿であらわれる。完全には死に切っていないのである[75]。この後、彼女は殯《もがり》の期間に肉も皮膚も朽ち果てて白骨になるはずである。そうなって初めて清浄な死体となって、根の国へ移動する。根の国と黄泉の国は隣接しているが、死の幾つもの相のちがいにしたがって、黄泉の国では死体が腐乱し、根の国では、精神的な霊になるべく試練を課される。[76] そこで試練を終えると、常世へゆくのである。このように死の幾つものプロセスをかたった神話はエジプトの「死者の書」にもみられないもので、日本独自のものである。死ぬはずのない神が死ぬ神話はエジプトではオシリス神話において、北欧ではロキによって殺されるバルデルの神話において語られるが、それはむしろ復活のプロセスを語るもので、死体が腐敗し、白骨になり、霊になるというプロセスを語るものではない。日本ではもう一つ、アマテラスが死んで岩戸に隠れ、のちに復活したとする説もある。スサノオが馬の皮を機屋に投げこんだとき[77]、驚いて死んだのはアマテラスの従神のひとりワカヒルメであったとする『古事記』の記述に対して、アマテラス自身が死んだのをワカヒルメが死んだことにしているのは婉曲語法だというのだ。

　アマテラスの死と復活は、キリストの死と復活、そしてそれに先行する若き犠牲神、アドニス、アティスたちの死と復活を予想させる。実際にはアドニスもアティスも殺されただけで復活はしていないが、彼らをめぐる儀礼では、若き英雄の死をいたむ悲しみの日につづいて、彼らの復活を祝う喜びの日がやってくる。

スクナヒコナ

ガガイモのさやに乗って海を渡ってやってきたスクナヒコナは、国造りを終えると、粟の茎に乗って、はじかれて常世へ去っていった。これは彼の死をあらわしたものと思われる。彼はのちに大国主とともに石像となって、大洗海岸に漂着するが、これは再生にあたるだろう。

『古事記』の最初に書かれた天御中主《あめのみなかぬし》ほかの造化三神は独神で、「身を隠したまいき」という。これは死んだことをいうのかどうかわからず、天地創造の根源神は姿は隠しても、どこかに存在しているのではないかと思われるし、高御産巣日《たかみむすび》などはその後も登場して、神々に指令しているのだが、であれば世界の終わりまで存在しつづけるのだろうか。イザナギ、イザナミは死んで葬られているし、アメワカヒコはその高御産巣日によって殺されている。日本では神は不死ではないようである。

ハイヌウエレ

もうひとつ比較神話学は「殺された女神」という類型をもっている。ヤシの木が生えているあたりの神話だが、ヤシの木の誕生をめぐる神話がある。(78) 人間の頭とヤシの実の形態的類似がもとになった神話だが、死んだ男の首を地面にうめておいたら、そこからヤシがそだって、人間の頭のような実がなったというのである。そうやってヤシの木文化圏が形成される。そのヤシの木にあるとき男がのぼっていって持っていたナイフで自分の手を傷つけてしまった。血がヤシの花にしたたった。男はいったんヤシの木から降りて、次の日、もう一度ヤシの木にのぼってみると、血のかかった花から女の子が生まれていた。そこでその女の子をだきとって、木から降りて、女の子を大事にそだてる。女の子は美しい娘に成長する。彼女は体の中から高価な瀬戸物などをとりだして、祭りに集まった人々にふるまう。これをふつうは肛門からとりだすと語られているが、実際は女性器からとりだしていたのにちがいない。彼女は豊穣の女神なのだ。人々は彼女を殺して地面に埋めてしまう。おそらくより豊富な宝物がそこから生まれてくると思ったにちがいない。金をひる犬を殺してもっとたくさんの金をとろうとした欲張り婆さんのように。しかし、実際は彼らの予想とは違った展開をした。養い親が彼女を探しに来て、死体を掘りおこし、体をばらばらにして地に埋めたところ、そこからタロイモやヤムイモの類が生え出たのである。(79) この女神をハイヌウエレという。起源的には芋文化圏の神話だが、穀物文化圏でも同様な神話が語られている。アメリカ・インディアンの「穀物の母、とうもろこし婆さん」もそのひとつで、とうもろこし婆さんが死んだとき、その死体を畑の上にひきずってくるとそのあとからトウモロコシが生まれてきた。食物の起源としては、芋を小さく切り刻んで地におろすとそれぞれの切れ端から芋が再生してくる場合と、穀物を地にまくと再生する場合がある。地域によっては小麦などの穀物が栽培の最初であったところと、芋が最初であったところがわかれる。芋にはキャッサバのような木生の芋もあるが、温かい地方にかぎられる。

オホゲツヒメ

このタイプの食物の母は、日本ではオホゲツヒメである。女神はスサノオによって殺される。口や尻から食べ物を出して供応したのを汚らわしいといって殺したのだが、どうやって殺したのかはわからない。あとで見にゆくと、五体から五穀その他が生まれていた。頭に蚕なり、二つの目に稲種なり、二つの耳に粟なり、鼻に小豆なり、ホトに麦なり、尻に大豆なりというので、首を切られていたようではない。[80] 殺された神としては、『日本書紀』ではウケモチノ神がツクヨミに殺されたことになっている。[81] ツクヨミ自体が記紀ではそのあと記載がなく、太陽神中心の神話体系樹立のために抹殺されたのだという説もある。

オシリス

オシリスは地上の王権をめぐって兄弟のセトと争った。セトはあるとき、見事な棺桶をつくらせて、客を招き、その棺桶にぴたりと入るものにそれを進呈しようといいだした。客たちはためしてみたが、みな小さすぎてだめだった。オシリスが最後にためしてみるとぴったりあった。あらかじめ、オシリスの寸法を測って棺桶をつくっていたのだ。オシリスが棺桶に入るのをみとどけたセトは、直ちに蓋をして、棺桶をナイルに流した。棺桶はビブロスまで流れて行って、岸辺に生えていたタマリスの木につつみこまれてしまった。その地の王はあるときその木をみて、王宮の柱にちょうどいいとして切り取って、王宮へもっていった。そこへイシスがあらわれて、夫のオシリスがそのなかに入っていることを見抜いて、その柱をゆずってほしいと王に申し出た。[82] 申し出は聞き届けられ、イシスは棺桶をとりだして、エジプトにもどって、デルタ地帯でオシリスの蘇生術にとりかかった。それをみていたセトが、今度はまちがいなく殺せるように、棺桶をさらっていって、遺体を一四に切り分け、エジプト中にばらまいた。イシスはそのバラバラ死体をひとつずつ拾い集め、得意の魔術で生き返らせた。蘇生したオシリスは冥界の王になった[83]。

王の殺害

絶対王権の担い手は半ば神だったが、フランスのアンリ三世、アンリ四世、ルイ十六世は治世の半ばで殺された。アンリ三世を殺したのは修道士だった。「暴君は殺されなければならない。それが神の摂理である」とするのが「モナルコマキ」（王殺し）の論理だった。王がギーズ公の殺害を命じたのがカトリック教徒たちの憤激を呼んだのだ。暗殺した修道士の頭の中では、「国王殺害が悪魔払いの意味を持っていることに疑いの余地はなかった」（ビュイッソン）。バルテルミーの虐殺でも、神の正義を執行しているものと思われていた。アンリ三世のあとをついだアンリ四世も、国民に広く支持されていたにもかかわらず、暗殺された。アンリ三世暗殺の二年前にはスコットランド女王のメアリ・スチュアートが死刑になっている。王殺しの季節だった。

オシリスを復活させるイシス（セティ１世の墳墓の浮彫り）

三、降臨する神

神あるいは天使が天から地上に降りてくるのは、一つは始祖伝承であり、二番目は罰として地上に落とされた場合、三番目には「お告げ」を告げに来る天使の場合があるが、神そのものが降りてくる場合には、ゼウスがさまざまに姿を変えて地上の女のもとへ通ってくる場合もふくまれる。黄金の雨の場合もゼウスが雨に変身してダナエのところへかよってきたのである。黒い雨は死の雨である。死神が火車でむかえにくることもある。ブルターニュでは死神が荷車でむかえにくる。ふつうは神は雲にのって降臨する。「見よ、人の子のようなものが天の雲にのって」やってくる[84](「ダニエル書」)。

天孫降臨《てんそんこうりん》

韓国では天郎の恒雄が山の上に下って、熊女と交わって人間たちの始祖となった。日本では天から下ってきたのはニニギノミコトだけではなく、そのまえにニギハヤヒもいた。天から始祖が下ってくるという神話はアメリカ先住民の世界でも語られているが、世界的に広く分布している話柄で、アフリカでもドゴン族のノンモは天から下ってきた。

ニニギノミコト

神が地上にやってくるには、天界から落とされた場合もあるが、ニニギノミコトのように、天界から、使命を帯びて、派遣されてくる場合もある[85]。この時の経緯をみると、まずはじめにオシホミミが降臨することになっていたのを子が生まれたので、彼のほうがいいと降臨をニニギノミコトにおしつけている。天津神にとって、葦原瑞穂の国へ降ろされることはありがたいことではなかったようである[86]。ニニギは生まれたばかりのようだが、もう歩いて八重雲をおしわけて降りてくる。そして笠沙の浜で、機をおるコノハナサクヤヒメをみてすぐに彼女を嫁にほしいといいだす[87]。神々は幼児として生まれても二、三日で成人するのが、洋の東西を問わず普通ではあるが、生まれてすぐに結婚をして、しかも一晩床をともにしただけで、コノハナサクヤヒメを妊娠させているのはみごとである。電光石火といってもいい。まさにゼウスが黄金の雨となってダナエに「降臨」して、ペルセウスを懐妊させた早業を思わせる。ニニギが降臨してくるときはウズメノミコトやオモイカネ、アメノコヤネ、フトダマ、イシコリドメ、タマノオヤなどが随行している。(88) また、天《あま》の八衢《やちまた》では猿田彦がまちかまえていて、そこから日向まで道案内をした。(89) これらの随員がその後どうなったのか、猿田彦以外はわからないが、中臣《なかとみ》の連《むらじ》、忌部《いんべ》の首《おびと》などの祖とあるから、各地でそれぞれの部族をおこしたのだろう。このそれぞれも天神の降臨である。(90) 彼らはニニギがコノハナサクヤヒメを娶ったときは、すでに彼の周囲にはいなかったのかもしれない。すくなくとも天孫の種を地上の女にうえつけるところまで見守って、後は各地に散っていったものと思われる。天孫降臨は、地上をおさめるためというより、天孫族を地上にうえつけることを目的としていて、あとはどうでもよかったのかもしれないのは、ペルセウスの場合もおなじで、ゼウスは黄金の雨がペルセウスを懐妊させたことを確認しただけで、二度とダナエを訪れないし、ダナエ母子が迫害されたり、流されたり、メドゥサ退治のような難題を課されたりしたときもいささかも介入しないのである。(91) ニニギの場合も、その後、その消息を語られることがないというのは、たとえば山幸がなくした釣り針をどうやって探したらいいか途方にくれているときなども、塩土《しおつち》の翁《おじ》はやってきて助言をあたえたが、ニニギが介入した気配はない。彼はおそらく、子供たちの誕生を確認して、事足れりとして(92)「神上がり」してしまったのではないだろうか。(93) 彼の地上滞在は最大九か月だった模様である。(94) 常陸の国風土記によると、天地が開ける前に、鹿島の神が降臨したという。また香取の布津大神《ふつのおおかみ》の降臨もしるされている。ニギハヤヒの降臨もあるので、高天原から地上に下ってきた神は多数におよぶようである。出雲の国風土記では、天御鳥命《あめのみとりのみこと》も天下りしたとある。

朱蒙《しゅもう》

天郎のヘモスが天下りして川のほとりで遊んでいた河伯

の娘柳花を見初め、河伯と変身競争をして柳花をもらった。天郎は天へかえったが、柳花は金蛙王に拾われ太陽光をあびて大きな卵を産む。卵は捨てられたが、牛馬もそれをふまず、動物たちはその卵をまもり育てるようにみえた。そこで、卵をとりもどし、大事にしていると、その卵から朱蒙が生まれ、長ずると弓の名手となったが、出生の奇瑞を仲間たちにそしられ、身の危険を感じて国外へのがれ、高句麗を建てた。逃亡の途中に川があって、渡れなかったが、河伯の孫であることを明かし、水中の魚や亀を集めて、橋を造って、無事に川を渡った。朱蒙の旅立ちの時、母親は鳩に五穀をもたせて後を追わせた。それを新しい国土にまいて、穀物栽培をはじめた。

蒼き狼

ある時天から蒼き狼が地上に降りてきた。そして白い鹿とともに山の上の湖を渡ってふもとに降り、モンゴル族の始祖となった。またその十代の末のアラン姫のときには、パオの煙出し口から、夜な夜な黄色い犬がはいってきて姫と交わって去っていった。ほかに草原に捨てられた王子のところに雌狼がやってきて、乳をあたえ、のちに成人した子供と交わって一族の始祖となるというように、狼や犬を始祖とする伝承がユーラシア内陸部に広まっている。[95] 日本では蛇婿の話になり、山の洞穴に棲む蛇が若い男になって女のところへかよってくるが、正体をみられると蛇になって天へ飛び去ってゆく。この場合、天の神が地上に降りて、女を訪れていたのである。クレフシ山伝承では、見知らぬ男が女のもとを訪れ、女はやがて蛇を産み落とすが、まもなく蛇があまりに大きくなったので、お前の父親のところへ行けというと、屋根をけ破って昇天しようとしたというので、やはり天の神が地上の女のところにかよっていたのである。この蛇は結局天へはのぼれず、クレフシ山に落ちる。しかしこれらの動物始祖譚において、天に去った始祖が再び、下界に落ちてきたときには、その王朝は終わりを告げる。フランスのメリュジーヌ譚が示唆的である。蛇身をみられた女神は天にのぼって去ってゆくが、残された一族のものに災いが起こるときは戻ってきて、城の上空で警告の叫び声をあげる。

かぐや姫

かぐや姫の場合には天界で罪を犯して、地上へ流されたのだが終身刑ではなく、有期刑で、期限がくれば、許されて、天から迎えが来た。隠岐や讃岐へ流された天皇や上皇がその地で崩じたのとはその点がちがっている。かぐや姫は求婚者たちに、実現不可能な難題を課すが、地上での婚姻を避けるための難題である。求婚者の最後には帝までやってくるが、かぐや姫はいっこうになびこうとしない。そして最後に不死の薬を帝にささげるが、帝のほうでそれを服用するつもりはなく、富士のいただきで燃やしてしまう。かぐや姫のいない地上で不老長寿を得てもなんにもならないのである。貴種流離としては、かぐや姫とニニギノミコトのありようは似ているが、ニニギノミコトの場合、何らかの罪を償うべく、地上へ落とされたのではなく、地上世界をおさめる天孫族を生むために、降臨したのである。

天上に帰るかぐや姫（『竹取物語』　江戸時代前期　国立国会図書館）

受胎告知

そのように、何らかの使命や目的を負って地上へやってくる超越者としては、受胎告知の天使もいる。天使ガブリエルはマリアのところを訪れて、神を受胎したことを告げる[96]。しかしフラ・アンジェリコなどの画像ではこのとき、天空から「黄金の光線」が差し込んで、マリアの腹部を照らしている[97]。また、精霊の鳩が彼らの頭上に浮かんでいる。これはまさに「黄金の雨」による受胎と同じで、天の神が黄金の光線となって、マリアを照らしたので、太陽が女の下腹部を照らして受胎させる感精神話とも同じものである[98]。ガブリエルはこのとき、光線が正しくマリアを受胎させるようにそばにいて介助している。家畜の種付けの介助を思わせられる。降臨したのはガブリエルではなく、黄金の光線となった天の神なのである。ガブリエルは日本の天孫降臨の場における鈿女とおなじような介添え役をしている[99]。鈿女は天の八衢でも性器を露出して猿田彦[100]と対決しているが、これは幼いニニギに男女の道をおしえる介添え役の仕事であったかもしれない。なお日本では受胎告知の図

フラ・アンジェリコ《受胎告知》1435年頃　マドリード、プラド美術館
黄金の光線がここでは胸にあたっている。なお、胸は腹部の換喩である

に相当するものは阿弥陀来迎図であろう。山を越えて、雲に乗って、勢至菩薩、観音菩薩を従えて、阿弥陀が極楽往生をする人間を迎えにやってくる。阿弥陀に従う（あるいは先行する）菩薩衆が二十五菩薩などのように大勢で、管弦を奏で、かつ踊り狂っているものもある。阿弥陀がみちびくのは西方阿弥陀浄土だが、天上世界であって、阿弥陀如来と菩薩たちは、その天上世界から、人間界にくだってきたのである。

黄金の雨

ゼウスは白鳥や牛になって地上の女と交わったが、青銅の塔に幽閉されていたダナエに対しては黄金の雨となって忍び込んで、彼女を妊娠させ、メドゥサ退治で名をあげるペルセウスを産ませた。雨も天の神が地上に降りる一つの形だったろう。[101] なお、降雨は、ゼウスと大地母神ガイアの交情とも目された。太陽神が女の陰部を照らして懐妊させる神話も各地にあるが、これも天空神の降臨のひとつであろう。しかし黄金の雨のかわりに火の雨がふれば、世界は

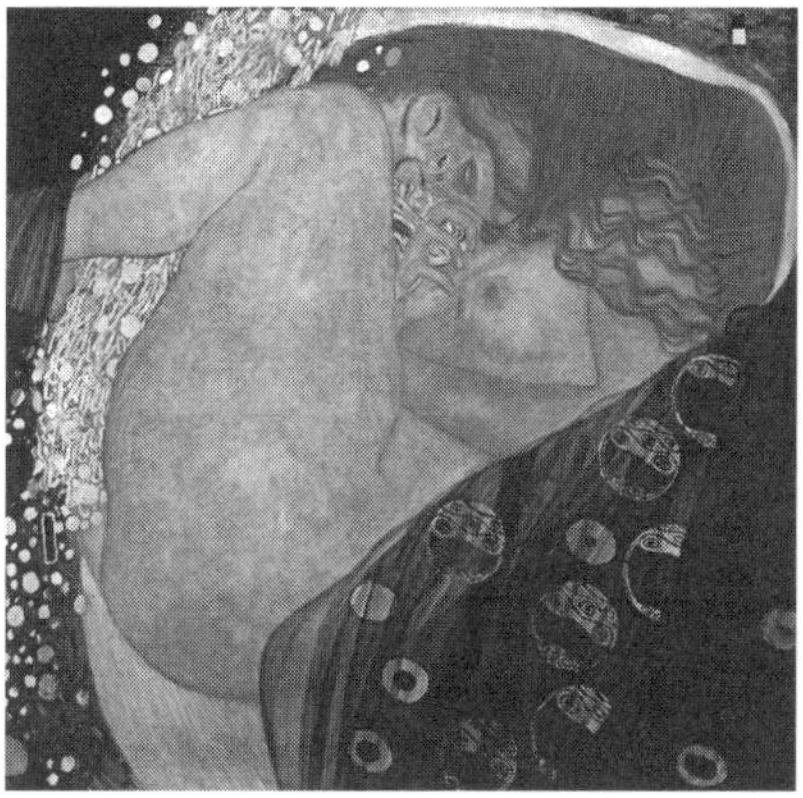

グスタフ・クリムト《ダナエ》1907 年頃
ウィーン、レオポルド美術館

黄金が金貨のような形で、ダナエの股間に流れ込む

《阿弥陀如来二十五菩薩来迎図》
鎌倉時代　新知恩院

二十五菩薩が楽を奏で、踊り狂う

ほろびる。

神の訪れ

ゼウスはしばしば地上の愛する女のところへ天から降りてきた。しかし、世界の神話でも天の神、あるいは星神が地上を訪れるというシナリオはめずらしくはない。それも愛をささやくためではなく、神の命令を告げにやってくることがある。神のかわりに天使がお告げをすることもある。

神のお告げ

天使がやってくるのではなくとも、王権神授説をとなえた絶対君主たちは、受胎告知にも似た「お告げ」をうけたことになっていて、姿の見えない天使が降りてきたというフィクションが語られることもあっただろう。[102] あるいは、ゼウスは鳥や黄金の雨の形をとって、地上の女を訪れ、神の子を宿させた。一般に神霊に感じて妊娠したときは、神霊が天から降りてきたのだ。喜界島の天神の子の話で、中沢新一は「神の霊性の一方的な降下」（『神の発明』）といっている。沖縄に多い太陽神テダが女をはらませる感精神話も、太陽神が天から降りてきたのである。韓国神話では、天から卵が降りてきて、地上の王になり、あるいは天郎が降りてきて、河伯の娘をさらっていって、卵を産ませ、そこから朱蒙が生まれたりする。これは卵生神話だが、獣祖神話ではモンゴルの蒼き狼が名高い。[103] 天から狼が降りてきて、白鹿と夫婦になって、山頂の湖を渡って、モンゴル国をおこしたのである。[104] あるいは桃太郎や『三つのオレンジ』などの昔話の主人公も果物のなかに入って地上に降りてきた超越者とみなされる。[105] 果物や、卵や、箱にはいって流れてくる超越者は往々にして国をおこして始祖となるが、その王朝の終わりにふたたびその奇瑞があらわれれば、それは、王朝の終わりを告げるだろう。白鳥の騎士の場合がそれである。白鳥に引かれてやってきた騎士は使命を果たすと、また白鳥がやってきて、その舟に乗って、いずくともなく去ってゆく。

星娘

インディアンの青年のところへ、ひときわ美しい星から星の娘が降りてくる。青年は星娘を瓢箪の中に隠しておくが、仲間がかぎつけて、瓢箪をあけてしまう。星娘は天へ逃げかえる。青年は星を見つめながらため息をつくだけだった。おなじように星を見つめていた娘が星に吸い寄せられてしまう話もある。あんな星のお嫁さんになれたらいいのにといって寝ていると、そのあいだに星につれていかれる。星にいってみると、夫というのはよぼよぼのおじいさんだったし、そこは死者の世界だったということもあるが、何不自由のない桃源郷だったということもある。ただ、畑に生えている蕪だけは手をふれてはいけなかった。ある時禁止にそむいて蕪を引き抜くと、その穴から地上の世界が見え、故郷が懐かしくなり、蔦をつたって降りてゆく。

ジャンヌ・ダルク

ジャンヌ・ダルクは、神のお告げを聞いて、フランス王シャルル七世に会いに行った。その後もお告げ通りに行動した。ジョルジュ・サンドも「立って行け」という声を礼拝堂で聞いた。ある種の人には神の声が聞こえるのである。

大天使ミカエルがジャンヌ・ダルクに神の言葉を告げる（ウジェーヌ・ロマン・ティリオン画　1876年　シャトー、ノートルダム寺院）

神はつねに沈黙しているわけではない。黄金の雨や太陽光線で妊娠するものもいる。この場合は黄金の雨や太陽光線が神の声のかわりだった。ふつうは神の言葉は聞こえない。ジャンヌ・ダルクの場合も国家存亡の危機に神の声が聞こえたのである。もういちど聞こえたときは最終的な滅亡のときかもしれない。[106] お告げについて、いささか、場違いな例をあげておくと、ヒトラーも第一次大戦後、ドイツを救わねばならぬという「お告げ」を聞いたとされている。[107]

II 神と人のあいだ

イクシオンの劫罰（17 世紀の銅版画）

ゼウスの妻ヘラに言い寄ったイクシオンはタルタロスに落とされ、回る車輪に結わえ付けられた。彼もまた、人間の規をこえて罰せられた、落ちた英雄のひとりである中国の仙人、インドのリシ、日本の天狗、ギリシャの半神。これら、人間と神のあいだの存在にも天空あるいは高みから落ちたものの例がある。イカロスであり、パエトンであり、天から王権を与えられたと称した絶対君主たちである。

一、文化英雄の死

クフリン、ヤマトタケル、ヘラクレス、彼らには悲劇的な死という共通項がある。いずれも王にならずに、王の命令で困難な仕事を遂行して死んだ。見方によっては不条理な死だった。彼らが遂行した事業は一層不条理な事業だった。いずれも人間の条件を乗り越え、神に挑戦して敗れたのである。ヤマトタケルが伊吹山の神に立ち向かったのが、その不条理性をよくあらわしている。いたるところの山に荒ぶる神がいる。それをことごとく打ち取ってやろうというのが彼の野望だった。足柄山の鹿神は、野蒜を投げつけることで、打倒した。伊吹山でもそれくらいのことと思っていた。しかし、山野に生息する自然神は、氷雨をもって彼の倨傲を罰した。困難な仕事の途中で、その企ての倨傲を神によって罰せられたのはマウイであり、アーサーもまた、天下統一の難事業の途中で挫折した。文化英雄は神に挑戦しても神を打ち取ることはできないのだった。

鳥になって死ぬ

イカロスやパエトンは神になろうとして落ちて死んだ。ヤマトタケルやヘラクレスは生まれながらにして半ば神だった。したがって、その死も神々のもとに迎えられるかのような鳥になったり、星になったりする死だった。クフリンもバトラスも英雄らしい死を迎えた。

クフリン

ケルト最大の英雄クフリンはモリガンの呪いによって、戦場で死んだが、モリガンはカラスの姿で現れて、彼の魂をさらっていった。彼自身も鳥に変身して飛んでいったともいう。カフカスのオセットの英雄バトラスは海に飛び込

オリヴァー・シェパード
《死に瀕したクフリン》1911 年

んで死んだともみられる[108]。英雄には英雄らしい死に方がある。

神ならぬ人間が神をまねて、地上へ落とされた例はインドのナフシャであり、ギリシャのイカロス、あるいはパエトンである。ほかに天馬ペガソスに乗って天へのぼろうとしたベレロフォンもその思い上がりを罰せられて地上へ落とされた[109]。ジャン=ジャック・ルソーの『告白』に、ジュネーヴを逃げ出した時の思いを「大空を高く飛翔するには、飛び立ちさえすればいいのだ」と書いてある。実際彼は飛び立った。その結果は、幸いであったかどうかわからない。人の世の妬み嫉みにもみくしゃになって落ちてゆくのかもしれない。しかし、天才として生まれた人間に、地を這いずり回る蛆虫の生活はたえがたい。落ちることをおそれずに飛ぶのだ。

ヤマトタケル

それと、死んで鳥になって飛んで行ったヤマトタケルはちがうようでもあるが、伊吹山の神に挑戦して敗れたという彼の死の経緯は、神になろうとして落とされた英雄の死ともみられる[110]。伊吹山にのぼって、足柄山で鹿神を倒したように、山の神を倒そうとした。しかし、山の神が巨大なイノシシになって現れた時は、それを神とは認識しなかった。お前は神の使いにしかすぎないだろう。山の神を退治してから、帰りにお前を退治してやろうと言って、山にのぼっていった。ところが、天候が崩れ、氷雨がふりそそいで、山の神にもあうことができずに下山して、そのまま、発熱して寝付いてしまった。この時の彼の失錯はイノシシを神と見破られなかっただけではなく、彼に霊力をあたえていた霊剣を宮津姫のところにおいてきてしまったところにもあった。それに彼の東国遠征は東の未開の地への追放にあたると彼は思ったが、本当は、神になるための試練の旅だったことを彼は悟らなかった。彼は神になろうとしてなれなかった英雄なのである。最終的な鳥への変身はその本質が神と人とのあいだにあったことを示唆しているだろう。[111] マウイもまた最後は鳥たちとともに天空へ向かって飛び立つはずだった。ヘラクレスは星になった。

イカロス

イカロスはダイダロスとともにクレタの迷宮を翼をつけて脱出した。翼は工人ダイダロスの発明だった。鳥の翼を蠟で背中につけて飛び上がったのである。[112] 画像では、翼は背の丈ほどもあった。広げれば四メートルくらいもあった。自然に存在する鳥で、それほど大きな翼をもっているものはいない。神話では翼を広げれば大地を覆うほどであったというシモルグ、あるいは千一夜物語にでてくる象をつかんで飛ぶロック鳥くらいであろう。あるいは天使の五色の翼がそれに相当する。ダイダロスは自然には存在しない巨鳥の翼をつくりだして、羽根を蠟でその翼につけたのである。迷宮を脱出するときにダイダロスは息子にくれぐれも高く飛びすぎるなと言っていた。しかし、空に舞い上がると、飛翔の快感にイカロスはすぐに酔ってしまう。父の忠告を忘れて、太陽に向かって飛び上がる。もちろん地球の軌道をこえて、太陽に近づいたわけではない。地上から見

マリー・ヴィアン《翼をつけるイカロス》
1754年頃　ルーヴル美術館

える太陽に向かって大気内を飛んでいったのである。その結果は羽根をつけた蠟が溶けて、浮力をうしない、海中に落下することになった。父親のほうは、いうことを聞かなかった息子の死には心を動かされることもなく[113]、クレタ王のもとを逃れるという所期の目的をひたすら追求し、彼を迎える王の宮廷に身をよせた。クレタ王はダイダロスの所在をもとめて、謎をだした。巻貝に糸をとおすことのできるものには報奨を惜しまないというのである[114]。ダイダロスはそれを聞いてアリに糸をつけて、巻貝の中を這わせた。その間に海に落ちたイカロスのことは忘れられた。北欧の工人ヴィーラントも人工の翼をつけて、空をとんで、虜囚の身を解放した[115]。もうひとり、人間の条件を超えて、空を飛んで、落ちたものにパエトンがいた[116]。

馬によって死ぬ

鳥と同じく馬も霊魂をあの世へはこぶサイコポンプである。人には生まれた時から影の狼がつき従い、死の時に、姿を現して、死者の魂をくわえ、あの世へもってゆくとい

カルロ・サラチェーニ《イカロスの墜落》17世紀
ナポリ、カポディモンテ美術館

う俗信もある。

パエトン

パエトンは太陽神ヘリオスの子供だったが、幼いころは実の父親を知らなかった。それが物心ついてきて、太陽こそ実の父親だと知ると、太陽神ヘリオスのところへでかけていって、認知をもとめた。ヘリオスは息子を歓迎し、何か願い事があれば言うがよいと言った。パエトンはとんでもないことを言い出した。父親が操縦する太陽の車を一日彼に貸してほしいというのである。太陽神といっても太陽そのものではなく、太陽を乗せた馬車を操縦するのである。太陽の馬車を御して、太陽の炎熱に焦がされることがないのはどんな仕掛けによるのかはわからないが、同じく太陽神とされるアポロンも太陽の馬車を駆って天空を走りまわる。ヘリオスでもアポロンでも不死身の神であれば、太陽の炎熱にも損なわれることはないのである。（一一）しかし、人間の母から生まれたパエトンではそうはいかなかった。

神話では、太陽の馬車をひく四頭の悍馬を御することが

ピーテル・パウル・ルーベンス《パエトンの墜落》
1605 年頃　ワシントン・ナショナル・ギャラリー
ゼウスの投げる雷霆で太陽馬車がばらばらになっている

できるのは神だけだったと語り、パエトンは暴走する馬をおさえることができずに、墜落したといい、あるいは、暴走する馬車が地面すれすれのところを走っては、地面を焦がし、急に飛び上がっては、宇宙の秩序をかく乱したので、ゼウスが雷霆をはなって、パエトンを撃ったともいう。要するに神ならぬ身に、太陽の馬車を御することは、とうていできなかったのである。地球の住人たちにとっては、太陽が突然軌道を離れ、地を焼いたり、天空の果てに消えたりしたら、世界の終末と思えただろう。姉妹が彼の遺骸を拾って葬ったというのはその後の付け足しである。イカロスとパエトンにならぶ反逆者としては、ベレロフォンもいた。

ベレロフォン

彼は天馬ペガソスを手にいれて、空を駆けて得意になっていたが、この時もゼウスが、人間としての規を超えたものとして、雷霆をもって撃ち落とした。(118)ベレロフォンがオリュンポスにのぼって神々の座にくわわろうとしたために

作者不明《ベレロフォンの墜落》17世紀　スウェーデン国立美術館

ゼウスに撃たれたともいう。[119] ゼウスはこの時、自分の玉座が脅かされるように感じたにちがいない。イカロスは人間だったが、[120] パエトンとベレロフォンはいずれも神が人間の女に産ませた子供である。[121]

ヒッポリュトス

ベレロフォンはペガソスに乗って天にのぼろうとした。ヒッポリュトスはひたすら、義母のいないところへ逃げようとしていた。義母にいいよられていたのである。その馬に翼があれば、きっと天にのぼってしまっただろう。実際は義母は首をつって死んでいた。その死と偽りの遺書をみた父親のテセウスはポセイドンに願って、ヒッポリュトスを亡き者にしようとした。ポセイドンは海の怪物を送って、ヒッポリュトスの乗った馬を驚かし、ヒッポリュトスは馬車からふりおとされて死んだ。しかしそもそもの原因はヒッポリュトスがアルテミスに夢中になっていて、地上の女には目もくれなかったからで、アルテミスへの過度の思い入れが彼を死なせたのだ。オリオンもまたアルテミス

ピーテル・パウル・ルーベンス《ヒッポリュトスの死》
ケンブリッジ、フィッツウィリアム美術館

を恋い慕って、アポロンに射殺される。

海を渡る英雄

海を渡ってやってきたスクナヒコナは海を渡る英雄のプロトタイプだ。死んだときも海のかなたの常世へ渡った。マウイも生まれてすぐ海に捨てられたというが、それも海を渡ってきたことの言い換えであろう。ヘラクレスはヨーロッパ中を駆けめぐったが、その中には地中海を渡るコースも当然ふくまれていた。もう少し後のヨーロッパの英雄アーサーは、死を悟って、湖の辺から、舟に乗ってアヴァロンの島へ渡った。それは行ったきりの片道の航海だった。中世の騎士たちのなかにも妖精への愛のために水を渡って、永遠にもどってこなかったものがいた。

マウイ

ポリネシア神話のマウイは不死を求めて、大地女神の胎内にもぐりこみ、口から這い出して来ようとしたが、一緒に来た鳥たちが、笑い声をたてたので、ねむっていた女神が目を覚まして、マウイを胎内にとじこめてしまった。以来、人間たちは不死にならず、死ぬ定めになってしまったという。このとき鳥と一緒に行ったのは、女神の口から飛び出したら、鳥と一緒に空に飛びあがって不死の神になるはずだったのではないかと思われる。彼も出生は地上だったが、すぐに海に捨てられて、水にただよっていた。海上の常世からやってきた文化英雄だったのである。女神の胎内くぐりを無事にやり遂げれば、空を駆ける鳥人になっていたのかもしれない。

ヘラクレス

ヘラクレスは生まれた時から命をねらわれていた。ゼウスの正妻ヘラが彼を亡き者にしようと蛇を送ったのである。ヘラクレスはその蛇をつかんで絞殺した。そのあと、十二の「功業」を果たすよう命じられたが、いずれも見事にし遂げた。失敗すれば命がなかった。その間、西の果てのヘスペリデスの園から、東の果てのスキタイの地まで、ヨーロッパ中を駆けめぐった。いや、ヘスペリデスの園へゆくときは太陽神の舟をかりて海を渡った。また、ゼウスの慫慂《しょうよう》に従って、オリュンポス神族と巨人たちとの戦いにも参加した。しかし、ヘラの追及はやまず、狂気に襲われて、妻と子供たちを射殺した。そして最後にはケンタウロスのネッソスの呪いを受けて、燃える着衣に焼かれて死んだ。[122] 馬人間ケンタウロスに殺されたといってもいい。[123] 肌に食い込んで肉を焼く衣はメデアもライバルを倒すために使った。

　ヘラクレスの死は自殺でもあった。肌に食い込む衣をどうしても脱げず、薪を積んで火をつけて、その上に身を投げたのだ。自殺としてはエンペドクレスがエトナの火口から飛び降りて死んだ自殺もある。ヘルダーリンによれば、神になるための死だったという。

アーサー王

　クフリンなどの伝説上の超人的文化英雄としてはアーサー王もいる。石に刺さった剣を引き抜いたものが王になるという予言があり、宮廷の前にその石がおかれていたが、アーサーだけが剣をなんなく引き抜いた。王となってからは、円卓に優れた騎士たちを呼び集め、その名声を世界にとどろかせたが、甥のモードレットが反逆し、決戦の場で、瀕死の重傷を負った。アーサーはアヴァロン島の姉妹のところに自分を送るように命じ、そのまま地上からは姿を消した。アヴァロン、あるいはいずこかの山中に配下の騎士たちとともに千年の眠りについているという伝承もある。彼が千年の眠りからさめるときは、この世の壊滅のときかもしれない。[124]

アーサー王のアヴァロン島への旅立ち
(『アーサー王伝説』挿絵　1914 年)

二、落ちた神人

人は地上に住むのが定めである。人間の条件といってもいい。しかし飛行の夢にとりつかれたレオナルドのような天才は半ば神の存在だったかもしれない。彼の人力飛行機は飛ばなかったが、天と地を飛び衣で往復する天女、通力で空を飛んだ仙人、翼のある天狗、あるいは飛天や妖精など神話空間には空を飛ぶ存在が往来している。中には落ちた仙人、飛べなくなった天女もいる。

仙人と天女

中国では『神仙伝』や『列仙伝』に空を飛ぶ仙人のことがいろいろ出ているが、有名な仙人の東方朔は木星の精であったというから、木星から地上に降りてきたのである。(125)星の精が地上に降りて女と交わる話はファンタジーロマンスではよくある。アメリカインディアンの神話では、星を見ていてその美しさにうっとりした娘のところに星が降りてきて、天空へつれさる。あるいは逆に星娘が地上に降りてきて、男の妻になる。(126)中国では禹《う》が天帝の命で天から降りて洪水をおさめた。

落ちた仙人

人間が修行をして飛行術を身に付け、仙人と呼ばれた例は少なくないが、その中で有名なのは下界で洗濯をしている女の脛をみて空から落ちた久米仙人だろう。(127)知切光歳《ちぎりこうさい》によると、この仙人はその洗濯女と所帯をもったという。(128)のちに東大寺建立にあたり、賦役としてかりだされたが、材木を吉野から空を飛ばせて運んだという。そして、その後、「ますます行を積み、ついには雲を呼んで妻を伴っていずこの空にか飛翔し去った」と知切はいっている。(129)地に落ちたきりのだめな仙人ではなかった。

天人女房

仙人ではないが、天人は余呉《よご》の湖などに天から降り立って水浴をしていたという。(130)その間、飛び衣を隠されて凡夫の嫁になって数年を地上ですごしたのち、衣を取り戻して、子供とともに天に帰ったともいう。天人女房の話である。眞名井の天女は、ついに天に帰れなかった。その代わり、酒を造って、老夫婦を富ませた。落ちた天女の物語である。さらに家から追われた追放された天女でもある。一般の天人女房の昔話では、天へ帰った女房を訪ねて、天へのぼっていった男の話があり[131]、天の畑で瓜を切って大水が出て流され地に落ちたなどと語る[132]。天から落ちた男の話である。天から落ちたのでは「源五郎の天のぼり」の話もある[133]。天にのぼって雷神の娘たちと一緒に地上に雨をふらせてよろこんでいるうちに、おどっている雷神の娘の裾から覗く白い脛に目を奪われて雨雲から落ちてしまったのである[134]。これは久米の仙人でも同じだが、脛といわず、腿ということもあり、そのほうが本当らしいものの、これは語りの品位の問題で、鈿女の場合のように、もっときわどい言い方はいくらでもできるのである[135]。

杉村治兵衛《久米仙人》1690 年頃　アメリカ合衆国議会図書館

神人の流謫《るたく》

韓国には天から卵が降りてくる卵生神話のほか、天郎が地上に降りて始祖となる檀君神話などがあり、[136]日本ではニニギノミコトほかの天孫降臨の話がある。韓国では天の貴子が天から降りてきて、河伯の娘を誘惑する。そして、娘は卵を産み、そこから朱蒙が生まれ、国をのがれて、そこに新たに国をひらき、始祖となる。どういう動機からその天郎が地上へ降りてきたのかは神話は語らないが、天上で何らかの罪を犯して、地上へ一定期間流されたのではないかとも想像される。日本神話のニニギノミコトでも、地上へ降りることは何人もが嫌がって、代わりのものを推薦する。ニニギは生まれたばかりで、地上というところがどんなところかわからなかったのだろう。それでいわれたまま降臨した。実情は流謫だったかもしれないのである。のちの天皇が隠岐の島に流されたことを思うと、隠岐よりももっと僻遠の地だった高千穂の山中に降りたのは、そこへ流されたことと同じだった。高千穂がどこかはこのさい問題にはならない。日向であれ、霧島連峰であれ、諸説があ

《天の羽衣》 江戸時代 ボストン美術館

るが、そのどれであっても、のちの都の地からは遠い地の果てだった。降臨についてはもっともらしい説明はあるが、実際には落とされたのである。高天原のほうもどこであるかについて議論があるが、のちにスサノオが追い落とされたさきは出雲だった。神武が安住の地をもとめてさまよっていたとき、高天原から、神剣が下されたのは熊野だった。高天原はその時はそのあたりの上空にあった。それらに比べて、高千穂は遠かった。貴種流離の流謫の地だった[137]。

天翔る神霊

雲崗の石窟に天翔る神霊の姿が描かれる。ギリシャの壺絵でも宙を飛ぶ天使のようなものがみとめられる。ルネサンス時代にはクピドやプットが空を飛んでいる。そしてもちろんキリスト教世界の天使がいる。日本では平等院に飛

雲崗石窟に彫られた飛翔する神霊（5 世紀後半頃　中国、山西省大同市郊外）

天が飛びながら音楽を奏でている。さらに役の行者のように空を飛んだ神仙がいる。

天狗

人間ではなく神怪としては日本独自の発達をとげた天狗がいる。有翼で、空を自在に飛ぶが、矢をいかけられて鳶の姿になって落ちたものも『今昔物語集』には語られている。[138] カラス天狗は、カラスのくちばしをしている。これはインドのガルーダからきているというが、競争相手のナーガとの関係は、日本では逆転していて、ナーガの末裔の竜には天狗はかなわない。竜のほうは仏法をまもる竜王という位置づけである。ただ天狗にも各種あり、鞍馬山の天狗は牛若丸に武術を教えた。[139] この天狗は鼻高天狗である。愛宕山には天狗が集まって、王権を覆す謀議をしていた。このあたりの天狗は糞鳶のように描かれている。崇徳上皇の怨霊も天狗になっていた。ほかに飛翔する神霊では飛天もある。しかし、説話には登場しない。

平等院鳳凰堂内壁の飛天（京都府宇治市）

役行者《えんのぎょうじゃ》

役行者は仙人とはいわないが、賀茂氏の末で、舒明天皇の落胤ともいわれ、葛城山で修業をしてからは、よく空を飛んだ。[140] 神仙であろう。修験道をはじめたともいわれる。その法力によって、葛城山の一言主《ひとことぬし》などを頤使し、金剛山から葛城山まで天の橋を駆けるようにといった難題を課したが、それにたまりかねた一言主が朝廷に苦情を申し立て、朝廷の命で捕吏がきたときも空を踏んでのがれようとしたが、母が捕縛されるのをみて、地に降りて、縛についた。その後、伊豆の大島に流されたが、夜な夜な、空を踏んで

神通を得て鬼神とともに雲にのぼり、吉野葛城へ向かう役行者（『本朝年代記圖會』1802 年）

牛若丸に武術を教える鼻高天狗と烏天狗たち（歌川国芳画）

富士山に遊んだ。[141] 彼には前鬼、後鬼がしたがっていた。没後、新羅あるいは唐に渡って修行をつづけていたともいう。

半神

ギリシャでは神々と人間の間に、神が人間と交わって産んだ「半神」と、山野、河海の精である半獣神や山精、ニンフ、樹木霊などがいる。彼らはもともと地上に生まれた神霊で、天から落ちたわけではない。むしろ逆に山野に群れていた精霊のうち、特殊な霊験をもったものが天にのぼって神になったのかもしれない。そして天では旧神族と新来の神々とのあいだに、ティタノマキアやギガントマキアとよばれる戦争があって、旧来の神族が負けて地獄のタルタロスに落とされたり、地の果てに追放されたりしたのである。新旧の神々の抗争や交代は北欧でも、ケルトでもみられるものである。[142] 半神もまた各地の神話にみられる。

神仏習合

大日如来が本地《ほんじ》垂迹《すいじゃく》でアマテラスになる。釈迦如来が吉野の金峯山に垂迹して蔵王権現になる。千手観音が那智に垂迹して三所権現になる。

本地垂迹には、中国におけるそれと日本におけるものとがある。がいずれにしても天竺の諸佛が中国風の名前を与えられて日本にやってきて、さらに日本風の名前を与えられているのである。それも名前だけではなく、インドから天を飛んで中国、日本にやってきて、そこに降り立ったわけで、いずれも降りた神なのである。すべての神仏が日本名を与えられているが、薬師如来は東照権現、ダキニ天が稲荷明神、八幡は阿弥陀如来、鹿島は不空羂索観音などである。さらに八幡は石清水や鶴が丘に勧請され、鹿島のタケミカヅチは春日大社に鹿に乗って空を飛んでゆく。降りたところでそれぞれの神名と本地を与えられる。

しかしその諸仏はインドですでに釈迦以前の諸神が仏教にとりこまれている。技芸の神サラスヴァーティーが弁財天となったのは中国でだが、日本では、そのまま信仰される場合と、イチキシマヒメと習合した場合とがある。地蔵菩薩はそのままだが、インドではクシテガルバとよばれて

いた。(143)

天神と怨霊

道真や崇徳上皇は恨みを飲んで死んで怨霊になった。西欧でも暗殺された皇帝など、当然怨霊になっていいだろう。ロワールの城などでは恨みを持った死霊が夜な夜なあらわれる幽霊の間などというところがかならずある。イギリスは倫敦塔だ。

王権神授

王権を天から与えられたと称した王、あるいは皇帝は地上では神にも等しい存在だったが、その神人が人の手にかかって暗殺された例がローマのカエサルやカリグラ以下、各国で枚挙にいとまがない。そのなかのもっとも有名なものはフランス革命で断頭台の露と消えたルイ十六世だが、フランスではアンリ三世、アンリ四世も宗教戦争のさなかに暗殺されている。アンリ二世は槍試合で、目を突かれて

白鹿に乗って春日に降り立ったタケミカヅチ
（鹿島立神影図　南北朝時代　春日大社）

死んだ。イギリスではチャールズ一世が処刑された。リチャード二世、ヘンリー六世は暗殺。彼らに比べれば、遠流になったナポレオンや、後醍醐天皇などは幸せだったといえるかもしれない[144]。ただし、それら失墜して流された帝王に比べると、暗殺されたカエサルやカリグラは失墜の余裕もなく殺されたので、それはそれで幸せだったかもしれない。カエサルが死の二日前にどんな死を望むかときかれて、「突然の死」と答えたのが思い出される。彼は失墜の悲哀を知らずに済んだのだ。失墜と殺害、そして断頭台が一日のうちに引き続いたのは革命のあと恐怖政治を主導したロベスピエールだった。彼は議会で弾劾決議を受け、死刑が決まった。そのあとで、メルダに狙撃され瀕死の状態のまま断頭台へ引き立てられた。ロシアのニコライ二世は、十月革命以後、監禁されていたが、最後は銃殺された。そのまえにアレクサンドル二世は爆弾テロに倒れた。

落ちた王者はナポレオンだけではない。信長のように殺されたものもいる。戦国の武将は、武運がつきれば、城をかこまれて自刃したり、落ちてゆく途中で下人に首を切られたりするのは、あたりまえのことだった。天皇や上皇でも例外ではなかった。佐渡や隠岐へ流された天皇・上皇もいる。流されたものの中には配流地で、土地の女と夫婦になって、子を作り、島になじんだものもいたが、「突き落とし」になった流人もいた。崖の上から突き落とすのであ

エドゥアール・マネ《皇帝マクシミリアンの処刑》
1868年頃　ドイツ、マンハイム市立美術館

る。たいていは途中の岩にぶつかって瀕死の状態で海中に落ち、魚の餌食になったという。そのような海中への転落に終わるものではないが、流されたものの中には，八丈島へ流された宇喜田秀家といった大大名もいた。[145] 神話的にいえば、天から降りた始祖の末裔が島流しになって、崖から突き落とされるのである。

歴史が血にまみれていたのはフランスやイギリスやロシアだけではなかった。[146] アメリカでも奴隷解放で名を売ったリンカーンが狙撃されて死んだ。彼とおなじように名望の高かったジョン・F・ケネディーも凶弾に倒れた。[147] ハプスブルグ家から送り込まれていたメキシコ皇帝マクシミリアンは内乱で捕らえられ、処刑された。[148]

道真の怨霊

雷というのは、雷神が天から落ちてくるものと理解されていたものだとすれば、死んだ道真が怨霊となって、清涼殿に雷を落としたというのも、彼自身が落ちてきたのであるかもしれない。天神としてまつられていたが、当時の観念では天神すなわち雷神だった。彼の怨敵時平の死は落雷とは関係がなく、祟り神としての道真の霊が祟ったものとされたが、清涼殿の落雷では、彼自身の姿が見られたように語られ、絵でも雷光につつまれた道真の姿が描かれることがある。雷が落ちて、農夫に捕らえられる話は『日本霊

雷神とともに道真の姿が描かれている
(北野天神縁起絵巻』國學院大學学術資料センター)

異記』にもある。これも落ちた神である。道真は大宰府へ流されるまで、順調に昇進していたようにも思われるが、一時、讃岐守に左遷されており、華やかな宮廷の闇にひそむ罠をしらなかったわけではない。讃岐守の職をとかれて、帰京してから、右大臣になったが、時平との争いに敗れて大宰府に流され、そのまま、流謫の地に没したが、その最後は非業の死として同情をあつめた。

崇徳《すとく》上皇の怨霊

崇徳天皇は鳥羽天皇の皇子として生まれたが、白河院の実子ではないかとうわさされ、鳥羽天皇には最後までうとまれていた。若くして上皇となったが、保元の乱で敗れ、讃岐に配流され、生きながら天狗になったといわれる。死後は怨霊と化し、天狗たちを糾合して後白河院に対抗しようとしたが、果たせなかった。後白河のほうも、日本一の大天狗と称され、死後は朝野の怨霊をあつめて謀議をしており、そこに崇徳がくわわっていることもあったようだが、後白河と崇徳は生前から敵同士だった。上田秋成が讃岐で

讃岐の地で天狗となった崇徳院（歌川芳艶画）

崇徳上皇の霊に出会った話が『白峰』に描かれる。

三、堕ちた覇者

天下分け目の大合戦に勝って、そのまま天下を握って大往生を遂げたのは家康だけで、秀吉も没後はその家康に攻められて太閤の威光を後世につたえることはできなかった。信長は凶刃に倒れた。清盛は熱病にかかって、「あっち死に」をした。天下を取った覇者はその後は堕ちるのである。スポーツの世界でも「不敗の王者」もかならず負ける。永遠に勝ち続けるわけにはいかないのだ。

一代の風雲児

アレクサンドロスも伝説では神格化され、ゼウスの息子ともされるが[149]、現実には遠征の帰路、病没し、一代限りの英傑となった。子を残しても、その子が父親のつくった帝国をつぐことがないのが、戦国の梟雄たちの定めである。天下を取ることはなくとも悲劇的な死をとげた英雄は天にのぼって神となることがときにみられる。西郷隆盛も天下には手が届かなかったが、死後「西郷星」となって、人心を惑わした。将門も天下は取れなかったが、人心は大いに惑わした。その点は道鏡も同じで、最後は非業の死ではなかったが、怨霊になっても不思議のない悲憤の死であったろう。スターリンは暗殺ではないかといわれるが、権力の絶頂での死後、名声の失墜は劇的だった。ヒトラーは自殺した。

平将門

『日本紀略』に「下総国豊田郡の武夫、平将門並びに武蔵権守などを奉じて謀反し、東国を虜掠す」と書かれたように、上総、常陸、上野など関東諸国に勢威をふるった将門は、新皇を称して、朝廷に反旗を翻したが、藤原秀郷らの追討にあって、討ち死にした。新皇の天下はわずか二か月であった。上り詰めるのも早かったが、落ちるのも早かった。はじめは親族間の所領争いだったが、その小競り合いに周囲の豪族がまきこまれていって、気がつけば国府を包

敵兵を討ち取る平将門（月岡芳年画）

囲するにいたっていた。朝廷への反逆である。しかし、一族の中でも、また周辺の豪族たちのなかでも、彼の賛美者はもとより理解者は少なく、つねに、少数の手勢を率いて、疾風のように戦場を駆けめぐって、勢力を拡大するより、世の情勢をかく乱するほうが多かった。一代の風雲児だったが、王国の統治者ではなかった。西日本でおこった純友の乱もくわえて承平天慶の乱という。

道鏡

奈良時代の僧侶・道鏡は、女帝孝謙天皇（のちに称徳天皇）に引き立てられて、太政大臣にまでなり、天皇の地位をうかがうにいたったが、宇佐八幡の神託偽造が発覚し、天皇にはならず、称徳天皇の没後は下野の薬師寺の別当に左遷されて同地に没した。世間では希代の悪僧とみなされるが、三田誠広『道鏡』では、女帝に性的奉仕をした以外は特段の悪事をはたらいたようには描かれていない。薬草と加持祈禱で天皇の病悩を癒やそうとしていただけである。[150]だが、女帝の加護を得て、人臣の位を極めても、その地位を支える名望はなく、また本人の能力としても、地位をたもつだけの力はなかった。上り詰めたものは堕ちなければならなかったのである。

スターリン

グルジア（ジョージア）に生まれて、地元の神学校に学んだが、のち学校を離れ、ボリシェヴィキに入り、十月革命政府に参加、レーニンの死後、党書記長となり、ライバルのトロツキーを排除して最高権力をにぎり、敵を粛清し[151]、独裁政治をおこなったが、脳卒中に倒れた。死因については毒殺とも噂される。死後、フルシチョフらによるスターリン批判が行われ、独裁者の権威は地に落ちた。各地にたてられていた銅像もつぎつぎに倒された。独裁者に駆け上がって行った彼の経歴は中川右介によれば、ヒトラーのそれに比較される[152]。中川はこのふたりと並べて、毛沢東を論じている。建国後の「大躍進」に失敗し、文化大革命に敗れた毛沢東は、「恐怖の時代を終わらせる」ために死をまつしかなかった[153]。

1956 年、ハンガリーで起こった反スターリン主義の動乱で引き倒されたスターリン像

ヒトラー

オーストリアに生まれ、伝説では貧しい青年時代を経て、第一次大戦では、無名の兵士として従軍、毒ガス攻撃を受けて、一時失明する。戦後、ナチスに参加、雄弁をいかして党内の実力者となり、やがて党首となってミュンヒェン一揆をおこすが、失敗。しかし間もなく政界に復帰し一九三三年には首相に指名され、翌年には大統領の死去にともない、独裁権力をもった総統になる。第二次世界大戦がはじまるとポーランド、フランスなど、ヨーロッパを席捲したが、没落はソ連侵攻にはじまった。スターリングラードで敗れ、連合国軍の攻勢に抗しきれず、一九四五年、総統官邸の地下室で愛人のエヴァとともに自殺した。

武士の時代

日本の武士にあたるものは西欧の騎士だが、それに先立つローマの執政官たちは、自身、兵を率いて、ガリアからオリエントまで羇旅の征服行に明け暮れた武人だった。それがやがて王になり、皇帝になって、貴族文化を形成したが、もとは荒くれの武人だったのである。そしてそれだけに、彼らの生涯は波乱にとんでいて、その死も暗殺や自害が多かった。日本では清盛も義経も本当の武家政権をめざすより、朝廷での栄達をのぞむ貴族的性格をもっていた。その点は将門でも同じだった。公家政治の能力はもっていなかったが、野望は公家になることだった。彼らが挫折したのは、武士の時代を切り開くべきでありながら、公家にあこがれていたところにあった。

平清盛

伝説では白河法皇の落胤ともいい、法皇の寵をえていた祇園女御から生まれたとされ、少なくとも父親の忠盛は法

病に苦しむ平清盛（月岡芳年画）

皇のもとで従四位下までのぼり、清盛も若くして同じ位にのぼり、その後は平家一門の総帥として保元の乱、平治の乱などで活躍、播磨の守、中納言などを歴任、太政大臣にのぼりつめた清盛は、娘徳子を高倉天皇のもとに入内させ、日宋貿易で富をふやし、狐をつかって勢いをのばしたともいわれる。西欧流にいえば、悪魔に魂をうりわたして、地上の権勢を勝ち得たというところだろう。晩年はその祟りで、熱病にかかり、巨大なされこうべなどにおそわれる幻覚を見、高熱の譫妄のうちに病没した。平家一門もまもなく壇ノ浦に滅びる。奢る平家も久しからずといわれた。宮廷政治を中心にして、武士団の形成には十分でなかったせいとも思われるが、長く覇者の地位にとどまるだけの器量がなかったともみられる。

源義経

国民的英雄だが、すでに落ち目となって都落ちしていた平家を壇ノ浦に破った以外、特筆するべき功績はない。むしろ壇ノ浦で安徳天皇とともに宝剣を失ったことがとがめ

義経と静御前、吉野での別離（月岡芳年画）

られ、頼朝の訴えにより、朝敵となり、日本国中をにげまわった末に、身をよせていた奥州の藤原氏のもとで当主泰衡に攻められて妻子を殺して自害した[154]。荒法師弁慶が最後まで義経を補佐した。天狗の僧正坊には武術あるいは兵法を学んだが、天下をおさめる法は学ばなかった。『義経記』でも、その神業ともいうべき戦での功業にはふれることなく、落魄の英雄の逃避行からはじまっている。すなわち、吉野の山中での静御前との別れ、安宅の関での、関守をあざむく計略、そして衣川合戦での最後と、落ちてゆく英雄の末路が描かれる。伝説ではその後、蝦夷へ渡り、そこからさらに大陸へわたって活躍したとされる。

カエサル

スペイン総督、ガリア総督などを歴任、終身ディクタトルになった翌年元老院でブルートゥスらによって暗殺される。全部で二三の刺し傷があった。ガリア、ブリタニア、ゲルマニアを制圧し現在のヨーロッパをローマのものとした功績は大きかった。文人あるいは歴史家としても『ガリア戦記』を残した。王位につく野心を疑われて殺された。彼の死後はアントニウス、オクタヴィアヌス、レピドゥスの三人が権力を分けあった。この三人のうちオクタヴィアヌスがアントニウスを破って、アウグストゥスと改名して、権力をにぎり、初代皇帝となった。

カリグラ

カエサルにつらなる名門の出だが、即位後ほどなくして、月に憑かれる狂気の兆候をしめし、近親相姦をふくめたセックスに惑溺、政治には無関心になった。最後はカエサルと同じような状況で暗殺された。カミュの『カリギュラ』に「俺は人を殺さないと、ひとりぼっちな気持ちになる」とある。孤独な独裁者である。

スポーツ界のヒーローたち

オリンピック一〇〇メートルの金メダリスト、ベン・ジョンソンはジャマイカに生まれたが、カナダで育って、はじめはトライアスロンをやっていたが、短距離競走で頭角をあらわし、ロサンジェルス・オリンピックでは銅メダル、ソウル・オリンピックではカール・ルイスを抑えて金メダルを獲得したが、ドーピングを認められ、メダルをはく奪された。自転車競技では、ツール・ド・フランス七連覇のランス・アームストロングもドーピングが発覚し、すべてのタイトルを剥奪され、競技から永久追放された。アームストロングは癌を患っていながら、競技をつづけ、驚異的な成績をあげたが、フランス一周自転車競技のツール・ド・フランスに七連勝したあと、薬物使用が発覚した。スポーツ界ではほとんどの種目でドーピング疑惑が取りざたされるが、野球のピート・ローズは、レッズやフィリーズで活躍、ヒットメーカーとして、数々の記録をうちたてたが、選手をやめて監督に就任してから、野球賭博をやっていたことがあきらかになって、球界から永久追放の処分をうけた。しかし、通算安打数記録（四一九三本）などは保存されている。

四、世界の終わり

「古い神々はもうとうの昔に終末を告げた」（ニーチェ）。

「ファウスト的な芸術は、アポロン的な芸術、エジプト的な芸術、そのほかすべての芸術と同様に、その内的可能性を実現した後で、またその文化の生涯において自己の使命を果たした後で、老衰によって死んでゆく」「十八世紀になると、建築もまた死んでゆく」（シュペングラー『西欧の没落』）。

「全世界は何度も創造され滅亡する」（ゲルハルト・マルセル・マルティーン『世界の没落』）。

「民は民に、国は国に敵対して立ち上がり、方々に飢饉や地震が起こる。しかし、これらはすべて産みの苦しみの始まりである」（マタイ二四）。

文明の終焉

世界の終末はくりかえされるのである。

ギリシャ・ローマの古典文化はローマ帝国の瓦解とともに滅んだ。その後、「古典趣味」はルネサンスにおいて復興し、近代西欧にひきつがれたが、フランス革命以降の貴族制廃止とともに世紀末退廃文化にとってかわられた。ローマ帝国はEUの成立によって、その版図をほとんど回復したが、世界経済では第三極はおろか、第四極もむずかしい状況であり、文化的には統一性を失って久しい。言語的にもフランス語の優越の時代は終わり、世界的に英語が支配的言語になっている一方、EUは英国がぬけてからは、ほとんど非英語圏ばかりになった。[155] ヨーロッパが世界の文化・経済・政治を支配した時代は遠い。ヨーロッパでは宗教的にはキリスト教、とりわけカトリックが優勢だが、イスラム教も勢力を伸ばしている。カトリックもフランスでこそ人口比五割の「信者」を擁しているが、ときおりでも教会へ通うものはその半分にもみたない。聖職者のスキャンダルも多く、神の権威はいちじるしく後退している。

世界は終末のときをまっている。「その日、天は焼け崩れ、自然界の諸要素は燃え尽き、溶け去る」（ペトロの手紙二）。ニューギニアのカイ族の神話では、マレングフングという神が世界を創造し、世界の果てに行って、そこで横たわって、長い眠りにつく。ときおり寝返りを打つと地震がおこる。世の終わりになると立ち上がって、天を粉々にしてしまう。それが万物の終わりとなる（大木英夫『終末論』）。

裏切られた革命

ロシアの十月革命は王政廃止には成功したが、それに続くソヴィエト連邦の結束には失敗し、八〇年間の苦闘のすえに瓦解した。一九二八年にはすでに「労働者階級は忍び寄る飢餓の脅威に直面した」とトロツキーは書いている。以後、食糧問題はソ連の最大の癌となり、パンを買うのに長蛇の列をつくらなければならないというのは、ソ連の日常だった。

さらにトロツキーもいうように革命には反革命がつきも

のだ。革命の理念はやがて見失われる。党も官僚も腐敗する。

フランス革命では、恐怖政治によって国民の支持を失い、ナポレオンの登場を許した。その後「パリの場末の肉体的、および精神的貧困化」（トロツキー）は次の反乱をよびよせ、七月革命、二月革命、パリコミューンをもたらした。十九世紀フランスは短期間の復古王政、第二帝政をへて、第三共和国をなんとか維持したが、ヒトラーのドイツにはもろくも敗北した。

イギリスではクロムウェルが世界最初の革命を成就させたが、彼の死後、革命体制は維持できず、早々と王政復古をみた。

中国では一九一一年の辛亥革命は最終的には皇帝廃位においこんだが、その後、日本軍の侵略をゆるすことになり、革命の理念の確立には毛沢東の登場をまたなければならなかった。そしてそれは文化大革命にいたり、その失敗とともに、毛沢東思想の終焉をむかえることになる。(156)

連続テロ

革命によって古い体制が覆されることは最近では「アラブの春」以外、中近東でもあまりその例をみなくなったが、イスラム世界の過激派集団によるテロは西欧諸国を震撼させている。二〇一五年のパリ同時多発テロ、二〇〇一年の九・一一事件、それにイスラム過激派ではなかったが、二〇一一のノルウエー連続テロ事件と、世界中にテロの恐怖が吹き荒れた。アイルランドやコルシカの爆弾テロも日常化している。中東の状況も安定にはほど遠い。なお、「イスラム国」（ＩＳＩＬ）は、かつてはイラク、シリアに支配領域を持ち、国家形態を装っていたが、現在は壊滅状態という。しかしフランスなど西欧諸国にはそれにつらなる組織があって、いまだに活動をつづけている。テロの語が本来しめす恐怖政治としては、フランス革命後のロベスピエールによる恐怖政治、二十世紀中国の文化大革命もあげられる。

文化大革命

農業共同化を中心とする毛沢東によるあらたな社会主義建設の運動だが、紅衛兵らの暴走により、人民の大量虐殺がおこなわれ、文化人もねらわれて自己批判を強制されたりした。最後の段階では毛沢東批判も高まった。毛沢東の後継者とされていた林彪がクーデター未遂事件を起こし、逃亡中に飛行機事故で墜死したのはこのころである。真相は不明であるが、おそらく暗殺であろう。毛の死後は「四人組」追放によって文革は収束した。文革の間は大学入試もおこなわれなかった。図書館は破壊され、本は焼かれた。文化は死んでいた。これ以上に裏切られた革命はなかっただろう。「文革は中国の悪夢」（徐友漁ほか『文化大革命』）といわれる。

終末

世界の終わりを告げるものは大洪水であり、大噴火であり、大隕石や流星の衝突であろう。アポカリプスは、天から三分の一の星が降ってきたという異変を物語る。恒星が落ちてきて地球にぶつかればただではすまない。世の終わりは、天使が封印をほどく文書によって告げられる。予告された「時」が来たのだ。それに対して、ラグナロクでは、太陽が消え去って、長い冬がくるという絶望的な異常気象が、最期の時の到来を告げる。

アポカリプス（黙示録）

パトモス島で、ヨハネが天使によって伝えられた神の言葉と幻視をしるしたものとされる。はじめに天上のキリストの姿が現れる。[157] 頭は雪のように白く、眼は炎のように赤い。口からは鋭いもろ刃の剣が出て、顔は照り輝く太陽のようである。その異相のキリストはヨハネに命じてエフェソの教会にあてた手紙以下、スミルナの教会にあてた手紙、ペルガモンの教会、ティアティラの教会、サルディスの教会、フィラデルフィアの教会、ラオディキアの教会への手紙を書かせる。次いで、天の玉座を幻視する。その次に七つの封印を解く羊が出てくる。羊は七つの封印を開く。それぞれの封印からは白い馬、赤い馬、黒い馬、青白い馬があらわれた。青白い馬に乗っているのは死である。ほかの封印を開くと、天の星が地上に落ちるのがみえる。最後の封印を開くと七人の天使が現れ、それぞれ、手にしたラッパを吹く。すると火の雨が降り、大地が燃え、火で燃えた山が海に転がり込み、海が血にかわる。また大きな星が落ちてきて川の水が苦くなって、人々が死んだ。第四の天使がラッパを吹くと太陽が欠け、昼は夜になった。第五の天使のラッパからはイナゴの大群が出て人々をさした。第六の天使のラッパからは四人の皆殺しの天使が出てくる。ついで、ひとりの天使が雲をまとって天から降りてきて巻物を渡した。最後の天使がラッパを吹くと、天に大きな印が現れた。一人の女が身に太陽をまとい、身ごもって叫んでいた。その女の前に赤い竜が現れて、天の星の三分の一を叩き落とし、女の産む子を食べようとしたが、子供は天の玉座に救い上げられ、女は荒れ野へのがれた。竜はミカエルとその使いたちと戦った。竜は地上へ投げ落とされた。しかし海からと地中から二匹の獣が現れ、竜によって力を与えられた。そのあとで、七人の天使が七つの災いをもっ

封印を開くと現れた４人の皆殺しの天使（左）と落下する天の星（右）
（アルブレヒト・デューラー『黙示録』〔1498 年〕より）

てやってきた。天使たちはそれぞれ災いの鉢をもってきて、その中身を地に注いだ。最後のもう一人の天使がやってきて、バビロンの滅亡を告げる。そのあとには白馬の騎手があらわれる。幻視の最後は新しい地と新しい天、そして新しいエルサレムで、イエスの再臨が告げられる。皆殺しの天使は死神だろう。

ラグナロク

北欧神話が告げる世界の終末。三年の間、空は暗くなり、太陽は隠れ、大寒波が地球を襲う。雄鶏グリンカンピとフィアラルが鳴くとラグナロクの開始が告げられる。地獄にとらえられていたフェンリル狼が鎖を砕き、地上に出て、太陽と月をのみこむ。宇宙樹ユグドラシルが揺れ、大地は震える。ミズガルズの大蛇が海から這い上がり大洪水をおこす。巨人たちが死者の爪で作られた舟ナグルファールに乗って進んでくる。オーディンはフェンリルに殺される。フレイはスルトに倒され、トールはミズガルズ蛇と相打ちになる。チュールはガルムと、ヘイムダールはロキと

ラグナロク（ルイス・モー画　1898 年）

くみあって、ともに死ぬ。大地はスルトの炎に焼かれる。ここに世界は滅びた。しかしその時、海の中から緑の大地が現れ世界が再生する。太陽も新しく空に上った。

大洪水

ノアの洪水は間氷期の海面上昇に伴って、黒海に地中海の水がどっと押し寄せたことによるというもっともらしい説が大真面目にとなえられたが、メソポタミアやギリシャ、インドに似た洪水の話があることが知られ、その他、世界中から類似の現象を語る神話が報告されるにおよび、これは世界の終わりについての、汎世界的元型のひとつであると考えられるようになった。人間たちが腐敗堕落し神をないがしろにするようになってその人類を地上から一掃するために神々が大洪水を送ったというのである。メソポタミアではウトナピシュティム、ギリシャではデウカリオンとピュラ、インドではマヌが生き残った。東南アジアでは、兄と妹が瓢箪に乗って洪水をのがれた。そのあとの人類再生は生き残りの男女の間で、互いに交わって、あっという

『旧約聖書』「創世記」に語られる大洪水
(『奇跡の書』1552 年頃　アウグスブルクで製作)

間に、世界は人間たちで満ちた。これは原初の世界を出来損ないの人類たちでつくった神々の失敗を語るとともに、その失敗が再び繰り返されることを語る神話であり、要するに人類は神々の恩恵によって、地上に生まれたのでもなければ、洪水後に再生したのでもなく、もとよりそれだけの能力も持っていなかった神々の繰り返される創造の失敗と、その都度、再生する人間のしたたかさを物語る神話にほかならない。なお、集落がまるごと流されたり、水没してしまうような洪水は世界中で日常茶飯的にくりかえされている。そしてたとえば、インドのチェラプンジでは、年間雨量が二万六〇〇〇ミリに達したこともある（ヘードベリ『世界の天変地異』）。十階建てぐらいのビルが水没する雨量である。豪雨が四〇日も降り続けば、どこでも、たいていの住居が水没する。山間の谷川があふれても、下流ではすぐに洪水になる。もちろん気候変動がそれに加われば、神話的大洪水はどこにでもおこる。地震があれば津波も来る。

世界の終りの神話としては、天から火の雨が降ってくる

2019年7月、インドで連日の豪雨による大規模な洪水が発生し、深刻な被害をもたらした

場合もあれば、エジプトのように、血に飢えたライオンが人々を貪り食う場合もあり、大噴火もあれば、天体の衝突や、またアトランティスのように水没した文明の神話もあって、現実には東北大地震（東北地方太平洋沖地震）も福島の原発事故もそのヴァリエーションのいくつかにすぎないのである。それらに対して、世界の秩序を保つべき神々にその責任がとわれるなら、その神々は世界秩序をたもつだけの統治能力に欠けるところのある「堕ちた神々」にほかならないということになる。(158)

大災厄

大地震や大噴火はそれだけでは、地球規模の終末はもたらさないように思える。しかし、『日本沈没』ではその両方が連動して日本列島を襲った。また、現実の東北大地震では地震と津波と核施設の爆発とが連鎖的に襲いかかった。もちろん核戦争の場合は、それだけでこの世の終わりを演出するだろう。しかもそれは全地球規模の放射能汚染をひきおこし、核爆発そのものの被害はなんとかのがれても、地球はながく人間のすめないものになってしまうかもしれない。あるいは新たなパンデミックが地球の全住民に襲いかかるかもしれない。そのときにはたして神は機能するだろうか。

日本沈没

小松左京のＳＦ『日本沈没』（一九七三）は、映画やテレビドラマにもなったが、大地震と大噴火が複合して日本全土を沈没させる脅威をプレートテクトニクス理論をつかって描いている。アトランティスが実際に存在して、海底に沈没した古代文明であったとするにせよ、ギリシャ近海に火山の大規模爆発で、海底に沈んだ島があったとするにせよ、世界の神話は『日本沈没』に似た現象が現実のものである可能性がゼロではないことを告げている。実際、東北大地震は、そのような壊滅的大災害の片鱗を見せた。大地震、大津波、核施設の爆発がかさなってきたのである。地震大噴火や核施設の爆発の可能性はまだのこっている。地震はいつでもやってくるだろう。そのほか、小惑星や彗星などが地球に衝突する可能性もあるだろう。その場合、規模によっては世界の破滅はさけられない[159]。本書では沈没したのは日本列島だけとされ、地球上のほかの地域に日本国民が大量移住する計画が実施される。

核戦争

核をつかった第三次世界大戦はまちがいなく世界を破滅させる。いくつかの小説では、大洪水やラグナロクと同様、地球的カタストロフィーを生き延びた二人の男女、あるいは、シェルターに隠れていた数人の男女の生存が確認され、そこから新しい人類が再生産される。未来小説では、すべてを失った人類が「石ころとこん棒だけ」で、世界を再創造し、千年をへて、放射能の消え去った地上に古代世界に相当するものを再建する様子が描かれるが、ふつうそこには神は登場しない。核戦争とともに神々も死に絶えているのである。核戦争の脅威はかつてキューバで、イランで、そして近くはウクライナで、世界を脅かしてきた。我々は絶滅危惧種であるとアンダースはいう。

核戦争ではなくとも爆弾テロは日常的にどこかでおきている。それがエスカレートして航空機での世界貿易センタービル爆破になったが、次の段階は、通常爆弾ではなく、特殊爆弾になる可能性があるだろう。テロと言っても古代は刃だった。それが、十九世紀は銃器になり、二十世紀には爆弾になり、二十一世紀はそれをこえたものになる。一九九〇年代のサリン事件はその方向をさししめしていた。パリの劇場での無差別銃撃もあった。野放しの武器はどこにでも、どんなものでもある。米国科学者連合（FAS）によれば、世界の核兵器保有数は二〇二二年初頭現在で約一万二七〇〇発という。その中にはテロ集団に流出しているものもあるだろう。

ペスト

そのほかの脅威もきりがない。「ペストの流行ほどこの世の終わりを髣髴させるものはない」（ルチアン・ボイア）。中世にはヨーロッパの人口がペストで三分の一になったともいう[160]。今日のパンデミックの猛威を思わせる[161]。日本では鎖国のおかげで、ペストの流行には襲われなかった。鎖国以前でもペスト流行地との交易はあまりなかったので助かった。のちにコレラがはやったときは、江戸は箱根の関所で防いだという。それでも広尾にネズミ塚があり、明治のものだが、ネズミ駆除による疫病の伝播の防止の形跡をとどめている。

現在でも日本の防疫体制は厳しく、筆者もフランスへ資料調べに行って帰ってきたときに、新型コロナウィスルのPCR検査済み証の書類が不備であるという理由で入国を禁じられ、フランスへ強制送還させられた。それも飛行機代を自分で払ってである。そこで、フランスでもう一度検査をして、書類をもらって、再度、入国申請をして、なんとか通ったが、そのころは、入国後も一四日間の自宅待機で、その間なにもできずに自宅に缶詰めになっていた。これだけ「水際対策」を厳しくやっていても、感染者の数はそれほどへらないのがふしぎであった。

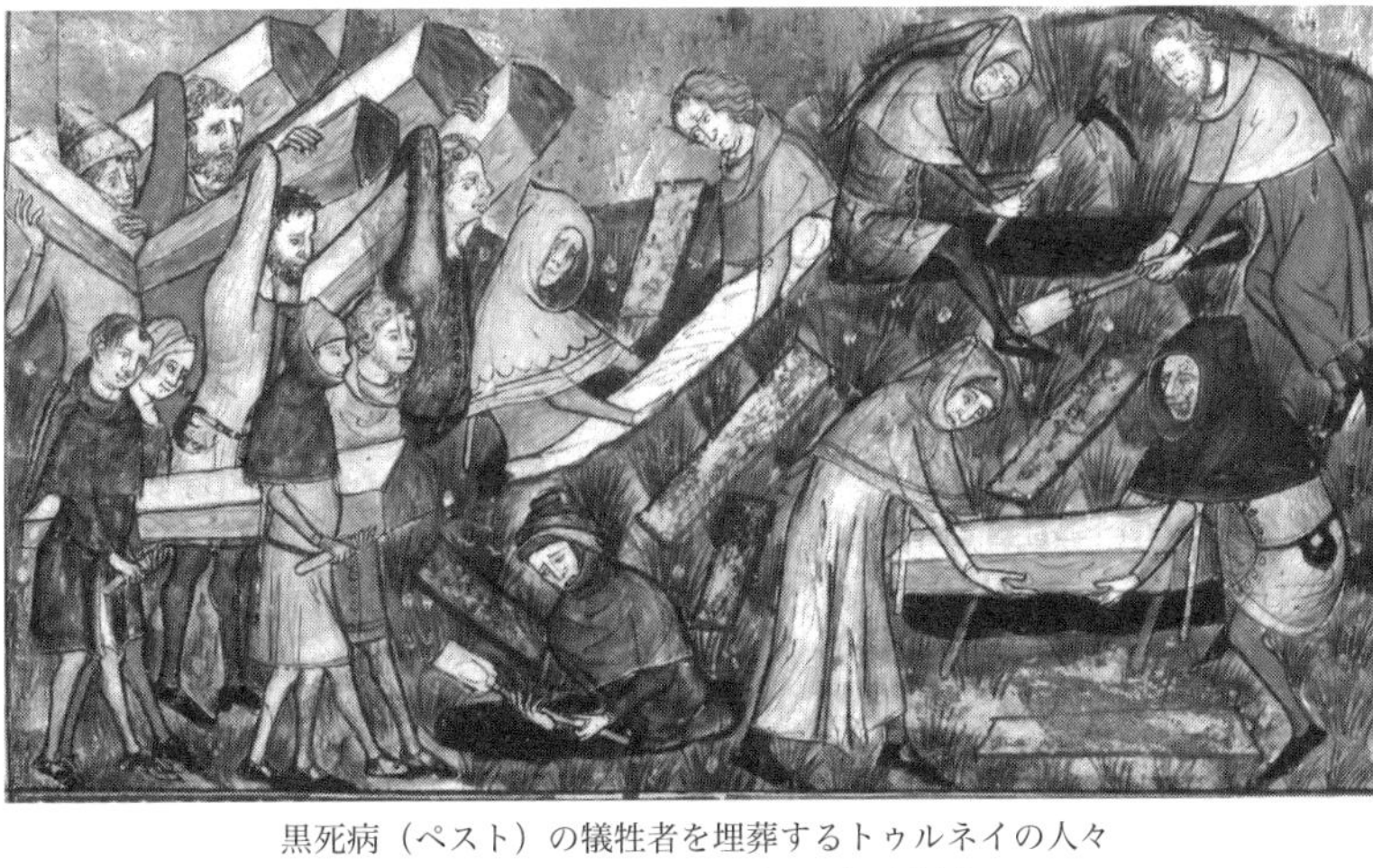

黒死病（ペスト）の犠牲者を埋葬するトゥルネイの人々
（14 世紀の写本　ベルギー王立図書館）

ノルウェーで刊行された『黒死病』の挿絵
（テオドール・キッテルセン画　1900 年）

III 神の失格

ヤン・ホッサールト《ダナエ》1527年
ミュンヘン、アルテ・ピナコテーク

好色な至高神ゼウスは正妻ヘラの目をくぐり、白鳥や牛になって地上の女と交わったが、青銅の塔に幽閉されていたダナエに対しては黄金の雨となって忍び込んで、彼女を懐妊させた

第一部と第二部では神が物理的に「落ちた」場合を追放や、殺害を含めて概観した。それに対して、神が権威を喪失して、「堕ちた」場合、[162] 倫理的に過ちをおかして、失墜する場合、さらには、神が神としての任務を放擲した場合などを考える。一つは神の「沈黙」である。あるいは戦争や犯罪行為に対して、裁きや仲介や阻止をおこなわない「無力」「無為」である。さらには神が淫乱や殺害といった「罪」をおかす場合だ。いずれも神として期待される正義の基準にふさわしくない行動をした神が、多くのものの目に神の座から失墜したものとされる。だれもが期待する正義の裁き手、慰め手としての行動に反して、何も答えず、何もしないときなど、人の心の中で神がその玉座から転落するのである。

言い換えれば、神が職責を全うしないとき、神がふさわしくない行動をするとき、させるとき、神が期待に背くとき、それが倫理的な神の転落なのである。[163] なお、ここでいう「神」は多神教の神も一神教の神もふくめての「神」である。神話の神は現在信仰の対象とはなっていないが、[164] とくにヨーロッパやアジアの文化を形成した精神的バックボーンとして最近まで一定の役割を果たしていた。しかしその神々が淫乱であり、暴虐であり、不公平であるとすれば、そこに立脚した文化も根拠を失うのではないだろうか。キリスト教の神でも「妬み深い神」とよばれ、異教徒の殲滅を教唆する神であったとき、はたして現在の多宗教の世界で精神的支柱たりうるのだろうかと疑わざるを得ない。神々のモラル的退廃を告発するとすれば、むしろそれはキリスト教の神からはじめられるべきであるかもしれないが、とりあえず神話の神からみていこう。

一、失格した神

神というものは厳格な掟を定め、自身、それを実践し、掟に背いた人間たちを厳しく罰する存在でなければならない。しかし、ギリシャでは、至高神ゼウスからして、正義の掟の執行者というより、色事に忙しく、女たちを誘惑しては捨て去ることをくりかえしていて、トロイ戦争などでは、どちらに軍配をあげるでもなく、どっちつかずのまま無為にすごしている。どうみても神としての資格を喪失しているとしか言いようがない。ケルトでも、絶対の正義などどこにもなく、隣の国に立派な牛がいるときくと、それをだましとろうとする。野盗の論理がまかりとおる社会である。

不道徳な神々

とくにギリシャ神話では神々の不倫や淫乱が語られる。操のただしいのはアテナとアルテミス、それにヘスティアくらいである。しかしたとえばアルテミスも森の中で水浴しているところを狩人にのぞかれて、怒りのあまり犯人を鹿に変えてしまうが、狩人のほうにそれだけの落ち度があったのかどうかわからないし、女神のほうでも、通りがかりの人の目に裸身をさらすのは、警戒心の不足といわれてもしかたがないかもしれない。ギリシャ神話の森の中では、ニンフが裸で昼寝をしたり、女神がおなじく裸で水浴をしたり、牧神が好き心をさそうフルートを吹いたり、人の官能をくすぐる雰囲気がただよっているのである。すくなくとも厳格な神の教えがゆきとどいている雰囲気ではない。退廃的とさえいいうるものである。

ふしだらな神ゼウス

ゼウスは正妻のヘラの目をくぐって、多くの女神や人間の女たちと肉体関係をもっていた。不倫である。それも普通の形でなく、人妻を動物の姿で犯すとか、夫の姿を借りてその夫の留守中に妻を犯すといった、神ならではの姦淫をする。白鳥の姿になってレダを犯してヘレネほかを産ませたのが前者の場合で、後者の場合はアムピトリオンの姿になって、彼の留守中、妻のアルクメネを犯したのである。この後者の場合、ゼウスはアムピトリオンであると信じさせるために、戦場に出ているアムピトリオンの様子をまことしやかに物語るなど、不正直な詐術を弄し、さらに夜を三倍の長さにして、アルクメネと交わった。[165] 不倫と嘘のうえ、神にしかできない方法で夜を引き延ばしたので、彼の罪科は三倍になった。この関係から生まれたのがヘラクレスで、膂力にひいでた英雄になったが、彼の生涯はゼウスの正妻ヘラの嫉妬のために苦難の連続となった。

ゼウスの色事で、生まれた子供が不幸な目にあったのは、カリストの場合で、ニンフのカリストは処女神アルテミスの侍女として、処女をまもる誓いをたてていた。ところが、ゼウスに愛されて子をはらんだのをアルテミスに見とがめられて熊にかえられてしまった。子供のほうは人間として生まれたが、長じて巧みな狩人となり、ある日、雌熊を見かけて、追いかけて、母と知らずに射殺そうとした。神々がそれを見て憐れんで、ふたりを星にした。大熊座と子熊座である。この場合は「神々」というのが、ゼウスをふくんだ言い方なのかどうか、はっきりしないが、すくなくとも「神々」としては、ゼウスの色事にある程度責任をもって、対処したことになる。

そうはならなかったのは、アンティオペの場合で、ニンフのアンティオペがある日、森の中で昼寝をしているところをサチュロスの姿になったゼウスが犯した結果、アムピオンとゼトスの双子が生まれるのだが、妊娠が発覚すると

熊になった母カリストに矢を射かける息子のアルカス（『変身物語』1590 年）

眠るアンティオペとサチュロスに姿を変えたゼウス
（コレッジオ画　1528 年頃　ルーヴル美術館）

父親の怒りを恐れて、シキュオンへのがれて、そこの王とむすばれたが、父親はゆるさず、そこへ攻めていって、戦死し、死ぬ前に兄弟のリュコスに仇を討つように命じたので、リュコスがその遺志を遂行し、シキュオンに攻めていって、姪にあたるアンティオペを捕らえ、テバイへつれかえって、その妻と二人で、アンティオペを責め苛んだ。とくにリュコスの妻ディルケは残虐で、彼女を地下牢にほうりこみ、そこを抜け出た時は雄牛の角にゆわえつけて、牛をはしらせたりした。(166) 子供たちのほうは、テバイへ行く途中の山中で生まれ、そこに捨てられた。その後、アンティオペは子供たちにめぐりあうが、三人とも艱難辛苦の人生をおくることになる。その間、ゼウスからは一片の哀れみもかけてもらえなかった。ほかでも多くの場合、ゼウスに愛された女たちはヘラの嫉妬のためもあって、苦しい目にあわされる。これについてアンティオペやカリストが、ゼウスに犯されて、理不尽な苦難にあったと神々に訴えれば、少なくともその苦しみを軽減するような措置がとられてしかるべきだったが、ゼウスをはじめ、神々は何もせずに知らぬ顔をしていた。(167) アンティオペの子供たちも、誰にすがるでもなく、自分たちだけで人生をきりひらいていった。子供の養育に父親は一切の責任をとらないのだ。これでは、人間たちに範をしめすべき神として失格であるといってもいいだろう。(168) ヨーロッパは長いこと、このゼウスを人間の知性のよりどころとして崇拝していたのである。

泥棒の神ヘルメス

生まれたばかりのヘルメスはゆりかごを抜けだしてアポロンの牛たちが放されているところへいって、牛を盗んでくる。一頭だけではなく、牛の群れすべてともいう。そのうち一頭を殺して、神々へのいけにえにする。そこへアポロンがやってくるが、ヘルメスは知らぬ顔をして、竪琴をもてあそんでいる。亀を殺して自分で作った竪琴だが、アポロンはそれがほしくなって、牛と交換に竪琴をもってゆく。以来、ヘルメスは神々の間の伝令をつとめながら泥棒の神となる。このヘルメスは新プラトン主義では「ヘルメス学」と称する神秘学の大本となり、民間では、「ヘルマ」という勃起した男根が特徴の村境の彫像で、道祖神のようなものの形のもとに崇拝を受けた。ディオニュソス崇拝でも巨大な男根を信女たちが担いでゆくほか、巨大な男根が特徴の神プリアポスもいるし、つねに男根を勃起させている牧神サチュロスもいる。ヘルメスはこれら男根神の総元締めともみなされる[169]。男根崇拝は日本でもどこでもある。生殖神崇拝である。しかし生まれた子供の養育に責任をとるシステムは確立されていなければならない。子のない夫婦が男根神に子授けを願うのはいいが、ゼウスや、サチュロスのような淫乱な神があちこちで子種をまき散らし、その責任をとろうとしないのでは、いたるところで、シングルマザーが収入もなし、保護もなしで、ほおりだされなければならない。金精信仰や子産み石信仰などと、ヘルマ信仰、サチュ

アテナイの市場に置かれていたデモステネスのヘルマ（16世紀の複製　ミュンヘン、グリュプトテーク）

ロス信仰などとは根本的に相違するのである。

クーリーの牛争い

インド・ヨーロッパの諸族においては、牛が最大の財産だった。結婚をするときの婚資にもなった。ギリシャの神々もたいてい牛の群れを飼っている。アイルランドのコナハトの女王メイブが、夫と財産比べをしたときも、夫のほうにみごとな雄牛がいて、メイブの負けとなった。メイブはその劣勢を何とか挽回しようとアルスターのほこるクーリーの雄牛[170]を強奪してこようとして、アルスターとの間に長い戦いがはじまる。その戦いでアルスターの英雄クフリンが戦死する。メイブはねらっていたクーリーの牛を一旦は手にいれるものの、牛は国中をあらしまわったすえに、アルスターに逃げ帰ってそこで命を落とす。たかが一頭の牛のために、大勢の戦士たちが死に、国土が荒廃する。オデュッセウスの冒険でも、船乗りたちが太陽神ヘリオスの牛を殺して食べてしまったために、神の怒りを買って、苦難をなめることになる。あるいはミノス王も海神ポセイドンから送られた牛をポセイドンへのいけにえにしなかったために、クレタの災いのもとであるミノタウロスを女王が産み落とすことになる。

古代ギリシャの皿に描かれたミノタウロス
（前 515 年頃　マドリード、国立考古学博物館）

その牛たちにかつて狂牛病が流行ったが、今度はもっと狂暴な発作をおこす病原菌が広まったとすると、狂った牛たちがマンハッタンやシャンゼリゼを大群になって駆け回る情景が思い描かれる。牛なしではヨーロッパ文明はありえない。その牛が反乱をおこしたら、世界は滅びるだろう。

淫らな女神たち

キリスト教のように原則として女神を認めない宗教は別にして、多くの宗教では、淫らな女神がでてくる。アプロディテも一夫一婦の褥をまもる貞淑な妻ではない。夫婦のきずなどというものが神話の概念と一致しないのかもしれない。ウェヌスでも天上、地上、地下の三態があるとされるが、そのうちの地下のウェヌスとしては、死と豊穣の女神となり、民草をむさぼり食ってはまた生み出してゆく。ヘカテやガイアといった一人神と同じで、多くの情人を取り替え引き替え、多産・豊穣の女神となるとともに、その情人たちをつぎつぎに取り殺してゆく。淫らな女神とは恐ろしい女神のもう一つの顔だった。

愛の女神アプロディテ

愛の女神アプロディテは、夫のヘーパイストスの目を盗んで不倫にふける。軍神アレスとの情事はヘーパイストスにみつかって、神々の前に暴露されたが、美青年アドニスとの愛はアレスの憤激を買って、暴れ猪を送ってアドニスを殺したのはアレスだともいわれる。そのアドニスが死んだといって泣き叫ぶのも神としてはいささかみっともない醜態で、神らしい神なら、死んだアドニスを生き返らせるくらい簡単にできるはずである。オルペウスがエウリュディケを失ったときは、冥界の王ハデスもあわれんで、ふりかえらないことという条件付きであるが、エウリュディケの蘇生を許しているのである。テセウスに捨てられて死んでしまったアリアドネもディオニュソスが冥界までさがしにいって、つれかえってきたともいう。しかし、アドニスのときは、冥界の王もその他の神々も、アプロディテの嘆きをひややかに眺めているだけだった。一方、アプロディテの祭儀を怠った者は、残酷な罰をあたえられた。父親と交わって罰せられたミュラはそのひとりである。しかしその不義の交わりから生まれたアドニスを女神は愛するのである。あるいはパシパエの場合はポセイドンの送った雄牛への恋にくるって、ミノタウロスを生み、怪物の母となった。またレムノス島の女たちは、女神の崇拝を怠ったために、女神の怒りを買って、悪臭を発するようになり夫たちに捨てられた。

素行のさだまらぬフレイヤ

北欧で、アプロディテに相当する女神はフレイヤだが、彼女の素行も人の模範となるようなものにはほど遠かった。あるとき彼女は小人神たちが首飾りをつくっているところを見かけ、その首飾りがほしくなった。小人たちは四人いたのだが、それぞれ四人と褥をともにしてくれれば首飾りをくれてやると言った。すると女神はそれだけならなんでもないと小人たちの言うなりになって首飾りをもらってきた。彼女は淫蕩で知られ、父や兄とも交わったとされる。人間界にもオッタルをはじめ、多くの恋人がいた。

その人間世界の昔話では、主人公の求めに応じて、陰部を見せる王女がいたりする。見せたって減るものじゃないというのである。よくあるのはウサギの群れを放し飼いにして、夕方、一匹残らずつれかえってくるという難題で、主人公は魔法の笛でウサギをつれもどす。王女がなんとか、

アプロディテとアドニス。ここには女神の威厳は塵ほどもない
（ティツィアーノ画　1554年　マドリード、プラド美術館）

それを失敗させてやろうとして、陰部を見せてあげるから、ウサギを一匹渡してという。その通りにして後で、笛を吹くと、王女に渡したウサギがにげかえってくる。結末は王女と結婚をするが、はたして家内安穏な幸せな結婚だったかどうかわからない。

性器を露出する鈿女《うずめ》

鈿女はアマテラスが岩戸に隠れたとき、その前でたらいを伏せてその上で卑猥な踊りをおどり、着物をはだけて、ホトを露出して神々の哄笑をさそい、好奇心にかられたアマテラスを岩戸から引き出すことに成功した。これはもちろん神をまつる儀礼の一部だが、いろいろと矛盾したところがある。ひとつはアマテラスが岩戸に隠れて、世界は闇になったはずなのに、鈿女の裸踊りはどうして八百万の神々をよろこばせることができたのかということだ。月が出ていたのか、かがり火をたいていたのか、そのあたりは語られていない。[17] もう一つはたらいを伏せてその上で、乱舞したというのだが、ふつうなら、たらいはさかさにしてその上に乗れば、底がぬけてしまう。その上で踊れるように特別に丈夫につくられたたらいだったのだろうか。また一つの謎は常世の長鳴きどりで、これが鳴けば朝になったと思って、太陽が顔を出すはずだったが、アマテラスはこの鳥の鳴き声には何の反応もしなかった。そもそも常世の鳥をつれてきたというのだが、常世がどこにあるのか、すぐに鳥をつれてこられるようなところなのかが謎である。そして最大の謎は太陽神アマテラスで、彼女は天の機屋で、

小人の洞窟のフレイヤ
(『アスガルドの英雄たち 北欧神話』挿絵　1891 年)

「太陽神」に着せる太陽の布を織っていたというのである。彼女のほかに太陽神がいる。であれば、彼女が岩戸に隠れても世界は暗くはならなかったはずである。はたして彼女は太陽神につかえる巫女だったのか、それとも太陽神そのものだったのか。[172] また、太陽神そのものだったなら、彼女のいるところどこにでも、いつでも、太陽が照り輝いていて、夜も昼もなかったのか。スサノオとうけひをしたときは、太陽神の性格は現れてはいなかった。彼女が生んだ女神たちは海上にたゆたう狭霧を表す女神たちで、太陽の性格はあらわれてはこない。誰でも知っているはずの岩戸神話やアマテラス神話に、これだけの謎があるのである。

鈿女はこの後、天の八衢で猿田彦と対決し、岩戸の前とおなじく、陰部を露出して、猿田彦をひるませた。これはさきに言ったように、童子神ニニギに性の手ほどきをする場面だったかもしれない。猿田彦は巨大な鼻をふりたてて鈿女にたちむかったが、これは言うまでもなく、男根であろう。屈服した猿田彦はニニギの一行を日向ないし高千穂の峯までみちびいて、その後伊勢にもどる。[173] 鈿女は猿田彦

岩戸から姿を現したアマテラス
（芳園平吉輝画　明治時代　シンシナティ美術館）

と一緒になって、猿楽衆、猿女の君の始祖となり[174]、伊勢の海を支配するように思われる。

神の資格を喪失した神

神は無謬であり、不死であり、遍在であり、肉体的にも精神的にも欠けるところがあってはならない。しかし、チュールのように狼に腕を食いちぎられた神[175]、ヌアザのように片腕になった神、とらわれて縛られてしまったロキのような神、あるいは新たな神の前に屈服したニギハヤヒのような神がいる。

ケルトの神ヌアザ

アイルランドには様々な民族が侵攻してきたが、その中で、最初に覇権をうちたてたのはトゥアサ・デ・ダナンすなわち女神ドヌの部族で、彼らは、四つの護符をもっていて、それを神器として王権のしるしとした。鳴き声をあげる石[176]、ルーの槍、ヌアザの剣、無尽蔵のダグザの大鍋である。それらを持ち伝えれば、彼らの王権は無事なはずだったが、彼らにはタブーがあり、王者たるものは体に欠損があってはならないというので、ヌアザは戦闘で片手を失って、王位をしりぞいたが、のちに銀の腕を作って、肩にはめこんで、「銀の腕」という名で、王位に復活した。しかし、ヌアザは次のフォモール族との戦いで敗れ、王権をルーにゆずった。ダーナ神族の主神ダグザにも矛盾した性格があり、「非常に賢いと同時に粗野で無骨でもある」。ダーナ神族トゥアサ・デ・ダナンは最終的にはミレー人によって

銀の腕をもつヌアザとされる青銅器時代の石像（北アイルランド、アーマー、聖パトリック大聖堂）

打ち破られ、地下世界に駆逐された。その地下の住まいの様子は神話は語らないが、現代の大都市の地下街をもとにして想像することはできるだろう。核戦争が本格的におそれられるようになると、あらゆる地球上の都市が地下に潜るかもしれない。かつて、カナダの北部を訪れたことがあるが、大平原のうえにまっすぐな自動車道路がはしっているほかは、いかなる建造物もみあたらない。ただ、ところどころに地下鉄の乗り場のような入り口が開いていて、地下都市にくだってゆくようになっていた。カナダの北部は冬がながく、積雪が多いので、地上は年のほとんどの期間、居住に値しないで、大学も工場も役所もみな地下にもぐっているのだった。核の脅威にそなえる地下世界をそれは垣間見させてくれていた。

鷲になったシアチとロキの争い（18世紀の写本　デンマーク王立図書館）

策略の神ロキ

ロキはトリックスターともみられるが、アスガルドの城壁を築くときに、巨人に仕事を依頼しておいて、その報酬の支払いをまぬがれようと、牝馬に変身して、巨人が石を運ぶのに使っていた牡馬を誘惑して、巨人の仕事をできなくしてしまったような、汚い手をつかう不実な神である。なにしろ彼は地獄の女神ヘルの父親であり、フェンリル狼も彼の子供なのである。サタンと同一視されることもある。彼の策略はトリックスターの楽しいいたずらではない。バルドルを死にいたらしめたのは、ただのいたずらではないだろう。そこで神々に追われたとき、鮭になったりさまざまな変身をくりかえして逃れようとする。鷲になってやってきた巨人のシアチにさらわれたときは、若さの女神イドゥンを引き渡す約束で解放される。そしてさらわれていったイドゥンをつれもどしてきたときは、もちろん得意の変身術でにげてくるのだが、アスガルドでは盛大な焚火をして、そこに鷲になっておいかけてきたシアチをおびきよせて、焼き殺してしまう。残虐な策略である。

ニギハヤヒ

論者によるとニギハヤヒはスサノオの子の大歳神であるというが、『先代《せんだい》旧事《くじ》本紀《ほんぎ》』では、高天原から天下った神とされる。その時アマテラスから、十種の神宝を授かって、岩船に乗り、河内の国に降り、ナガスネヒコの妹を妻として物部氏の祖となったとするが、カミヤマトイワレビコ（神武）と出会って、相手を自分より正統な天孫とみとめ、武器をささげて降伏する。ナガスネヒコとの連合軍はその力において、イワレビコの軍のそれを凌駕していたとみられるし、系譜としても、ニニギに先立って降臨した天神で、ニニギの孫にあたるイワレビコより地上の覇者としては上位にあったものと思われるが、イワレビコの神威の前に屈服する。以来、ニギハヤヒは天神としては失格した神となる。なお『先代旧事本紀』では、ニギハヤヒはイワレビコに会う前に没している。彼は天神でありながら、不死ではなかった。

二、恐ろしい女神

世界の神話・宗教で、女神は優しく罪を許してくれる包容力をもった存在であるという誤解があるかもしれない。ところがこれくらい事実に反した思い込みはないのである。愛の女神はいるが、それは愛というより淫欲であり、それも古代の神話にさかのぼってゆくと、戦いの女神であることが多いのに驚かされる。ギリシャでも主神の妻は家庭の主婦のモデルとなる存在かというとそんでもない。ヘラくらい嫉妬にくるって暴虐のかぎりをつくす女神はいないのである。エジプトではセクメトは「恐ろしい女神」である。日本でも死後のイザナミは恐ろしい。インドのドゥルガも恐ろしい。アステカには大勢の人間の犠牲を要求する恐ろしい大地母神コアトリクエがいる。大地母神あるいは冥界の母神はどの神話でも「うみだすもの」である前に「のみこむもの」であり、たとえば、ギリシャのガイアは、地獄と交わって、怪物をうみだす恐ろしい母神である。怪物たちの母としてはほかにエキドナもいる。(177)

殺戮する女神

セクメト

エジプトのライオン女神セクメトは「恐ろしい女神」あるいは「遠くの女神」と呼ばれる。本来は温和なハトホルだが、(178) 父神ラーに命じられて遠い砂漠にライオンとしてはなたれると、獰猛なセクメトとなって、人々を貪り食った。神の祭儀をおろそかにする人間たちへの懲罰だったが、その殺戮があまりに度をすぎているというので、猿神トートが派遣されて、セクメトの怒りを宥和し、温和な太陽の目ウジャットにしてルクソールに連れ帰る。(179) しかし人間が神をおろそかにすれば、また恐ろしい女神がやってくる。なおこれは、洪水の前のエパゴメネ、暑熱の五日間に相当するともいわれる。(180) 女神の帰還は雨期のナイルの増水に乗って行われる。

セクメト像（エジプト新王国時代　フランス、アルル古代博物館）
男根をそびえ立たせる姿の壁画もある

ドゥルガ

ライオン女神としてはインドのドゥルガもいる。彼女の別名ヴィカラーラーは「恐るべきもの」の意である。三つの目を持ち、一〇本の腕をもつ。彼女は、ライオンあるいはトラにまたがって、刀を振りかざす恐ろしい女神である。彼女はアスラの王マヒシャを殺した。さらにドゥルガから生まれたとされる黒い女神カリーは、人々を食い殺して、そのされこうべを腰のまわりに巻きつけてあらわれる。美の女神アプロディテも本来は恐ろしい戦の女神だった。美しいバラにはとげがある。

マヒシャと戦うドゥルガ

火山の神イザナミ

黄泉の国でイザナギと再会したイザナミは腐りただれたその姿を見ないでくれとイザナギに言っていたのに、イザナギは櫛に火をともして、死んだ妻の姿を見てしまう。見られたイザナミは地獄の醜女たちをけしかけてイザナギを追わせ、自分も雷神である蛇を体にまといつかせた姿で、イザナギを追いかけ、一日に一〇〇〇人縊り殺すと宣言する。それに対してイザナギはそれでは一日に一五〇〇の産屋を建てようという。そもそも国生みの場でも、火の神カグツチを生み、そのあと、嘔吐や糞便をまきちらしながらあたかも火山の噴火のように金属や泥流の神、金山彦、ハニヤスビコなどを生みだしたイザナミはまさに火山の猛威をあらわす女神だった。生み出すためには貪り食わなければならないのが、冥界の女神のさだめである。雷神が体中にたかった状態でイザナギを黄泉平坂《よもつひらさか》まで追ってくる女神の様子はなかなかに恐ろしい。

嫉妬深い女神

旧約の神は妬み深い神で、ほかの神に礼拝をささげることをきびしく禁じる。ギリシャではヘラが嫉妬深いので名高い。ゼウスに愛された女はヘラによって狂気を送られる。オリエントから来たキュベレも若い恋人アティスがニンフとねんごろになると怒り狂って彼を狂わせ、自ら去勢させて死にいたらしめた。

ヘラの嫉妬

ゼウスの正妻ヘラは嫉妬深いので有名だったが、ゼウスが地上の女に手を出すたびに相手の女を責め苛んだ。イオ

ゼウスはヘラクレスを不死にしようと企て、その母乳に不死の効力を持つヘラをだまして授乳させた。ヘラは途中で気づいて幼子を引き離したが、残っていた乳が噴き出して天の川になったという（ピーテル・パウル・ルーベンス画　1636年頃　マドリード、プラド美術館）

の場合には牝牛になったイオにアブを送って、彼女を苦しめ、ヨーロッパ中追い回した挙句、エジプトまで追いはらった。あるいはゼウスとアルクメネの子ヘラクレスには狂気を送って、妻子を皆殺しにさせた。ディオニュソスもヘラのせいで狂気に陥ったが、そのディオニュソスを育てたイノは、狂って自分の子を釜ゆでにして殺したりした。これもヘラのせいで狂ったのである。とにかくヘラの嫉妬は異常なまでに執拗できりがなかった。彼女にねらわれると、狂気に陥って、我が子を殺すのである。

魔女ランダ

バリ島の魔女ランダは病と死をつかさどる魔女たちを率い、精霊の王バロンと戦う。バロンは獅子の姿をとり、光をあらわす。ランダはバロンとその支持者たちに疫病を送り、国の人口の半分を滅ぼしたが、聖人があらわれて、ランダの魔術を制圧する。彼女はドゥルガやカリーと関係があるともされる。「ランダは、いろいろなものの化身になるとともに、いろいろなものに自在にとり憑き、まさに神出鬼没である。ときに魔術を使って病気を直したりもする」（中村雄二郎『魔女ランダ考』）。

キュベレ

プリュギアの大母神キュベレは二頭のライオンをしたがえた恐ろしい女神だが、もとは男女両性の怪物アグディスティスだった。それを恐れた神々が去勢して女神にした。

ランダの石像（バリ島）

彼女をまつる司祭たちは祭りの熱狂のなかで、みずから去勢した。女神が愛した美青年アッティスも去勢して死んだ。しかしアッティスがニンフに恋したのを女神が憤って、彼を殺したのだともいう。祭儀ではその後、女神によって復活させられる。キュベレは第二ポエニ戦争のとき、この女神をまつれば勝つという神の託宣があって、この女神の御神体をオリエントのプリュギアから将来して、ローマのパラチーノ丘にまつった。その後、ローマではマグナ・マテール（大母神）として崇敬をあつめた。スペインのマドリード市庁舎前の広場にはライオンの引く車に乗ったキュベレの像が置かれて、噴水になっている。

怖い女クリームヒルト

『ニーベルンゲンの歌』で、ジークフリートの后クリームヒルトは、夫を謀殺したハゲネ（ハーゲン）をはじめとするブルグンド宮廷のすべてに報復するため、フン族の王エッツェルと再婚し、その宮廷にブルグンドの宮廷をまねき、閉めきった宴会の場でハゲネらを一網打尽にする。ハ

18世紀に作られたマドリードのキュベレ像

ゲネは最後まで生かしておいて、彼が隠匿したニーベルンゲンの宝のありかを言わせようとするが、断固として承知しないので、首を切り落とす。それを見て、客将ヒルデブラントが、クリームヒルトを殺す。「怖い女」の代表格だろう。神の如く恐ろしい。

仲間の首をハゲネに見せつけるクリームヒルト（フュースリー画　1805 年頃　チューリッヒ美術館）

エレシュキガル

アッカド、バビロニアの冥界の女王。エレシュキガルは「日没するところの女王」の意である。疫病神でもあるが、あくことなき性欲で知られる。戦いの神ネルガルがやってきたときは、六日六晩愛し続けてまだみたされなかった。ネルガルは辟易していったんは退散したが、またもどってきて、エレシュキガルの夫になった。イナンナ（イシュタール）の姉で、妹がやってきたときは、冥界の七つの門で、

バビロニア王朝時代の浮彫り「夜の女王」。イナンナともエレシュキガルともいわれている（前 18 世紀　イラク南部出土　大英博物館）

着ているものを一枚ずつ脱がせた。妹が地上へもどるには、身代わりを要求した。イナンナはこの女神の地上のあらわれともみられる。

モリガン

ケルトの戦いの女神モリガンは、三体の女神としても崇拝されていた。同じく三体の女神マッハとも同一視されている。変身の術にたけているが、鳥になることもあり、また鳥を使い神としている。クフリンの不倶戴天の敵で、クフリンの最後の戦いの前には若い美女としてあらわれてクフリンを誘惑したが、しりぞけられた。戦いの女神としてはアテナ、あるいは北欧のワルキューリーもいるが、モリガンは戦勝を祈願する対象ではなく、真っ赤なガウンをまとって、戦場にあらわれる死の女神である。核戦争で壊滅した地上に、廃墟の上をかけまわる彼女の赤いガウンが翻るにちがいない。

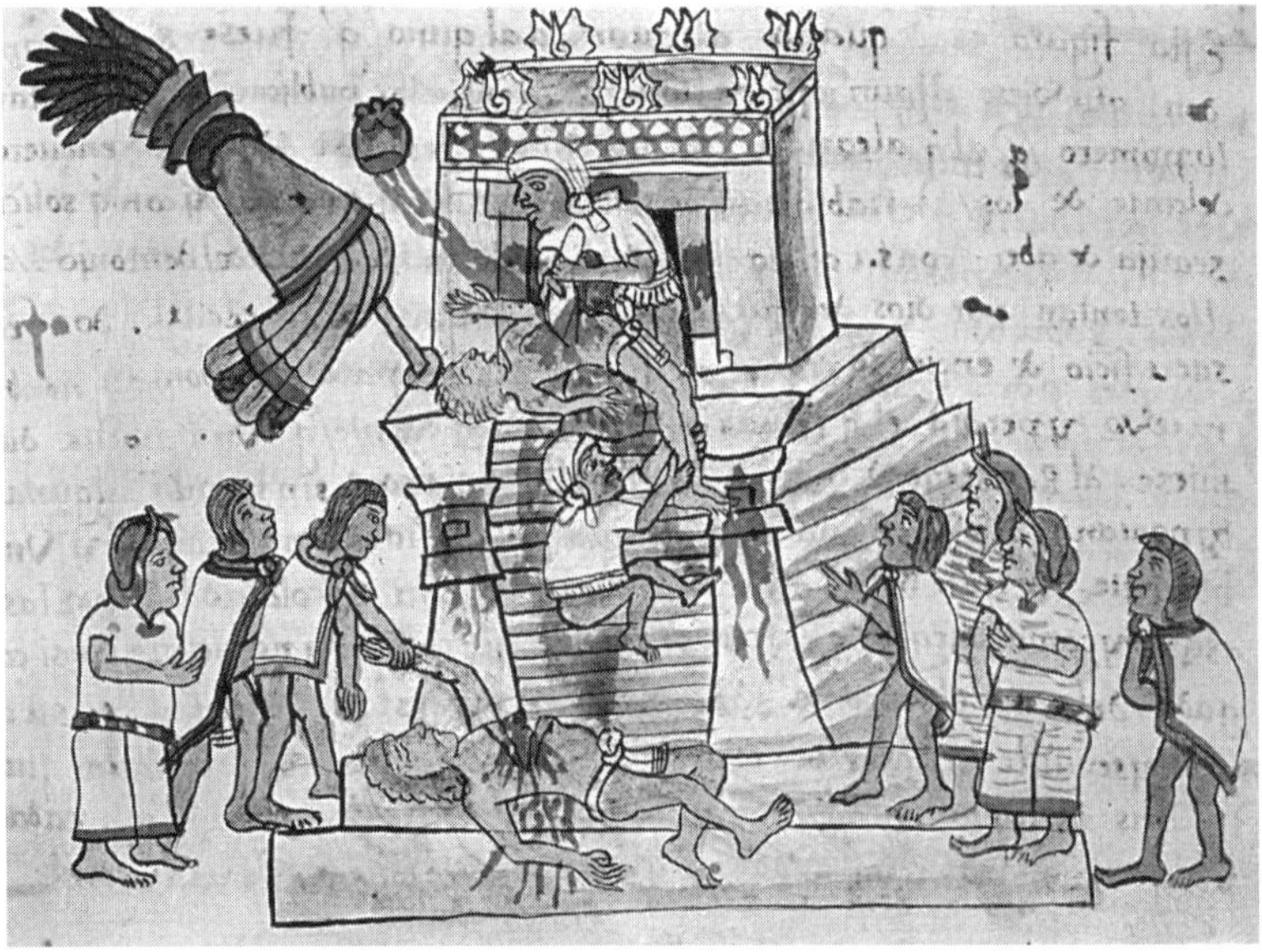

太陽神に生贄を捧げるアステカの人々（16世紀の絵文書）

三、残虐な神

アステカの太陽神は人間の犠牲を要求し、その祭儀では犠牲の心臓を切り取って、神にささげるのだった。ギリシャの太陽神もその残虐さではおとらなかった。旧約聖書の神ヤーヴェも残虐な戦いの神であり、部族抗争では、敵を情け容赦なく皆殺しにすることをもとめる神である。

暴虐な神

ギリシャの神々は正義を執行するより、色事にはげむか、残虐非道な乱暴にあけくれるかで、ときには神というより「鬼」といったほうがいいものもいる。ギリシャ的な理性を表す神といわれるアポロンも、じっさいは「荒ぶる神」である。

アポロンの復讐

オリュンポスの十二神は、ゼウスほど、絶大な倫理性を要求はされなかったかもしれないが、ヘーパイストスという夫がいながら、不倫をかさねていたアプロディテにしろ、その他の神々でも、その生活ぶりは人間に範をたれるにはほど遠いものだった。すくなくとも、公正な正義の執行者であるよりは、その場その場での衝動的な欲情や憤怒の情に身をまかせて、過度な懲罰をくだしたりすることが多い神々だった。アポロンの場合、ニンフのダプネを追いかけて、欲情を満足させようとして、嫌がったニンフが月桂樹に変えてもらったなどということもあったが、牧神のマルシアスが音楽の腕をアポロンと競ったときは、負けそうになったアポロンがそれぞれの楽器をさかさまにして演奏しようと申し出て、フルートを吹いていたマルシアスを負かした上に、罰として、マルシアスを生きながら皮はぎの刑に処して、皮をはいで、松の木につるして殺してしまったなどという逸話は簡単に見過ごすわけにいかないものだろう。まず、竪琴とフルートの競争で、それぞれの楽器を逆さにするなどということは、公平なことではないし、そうまでして勝った相手を皮はぎにして殺すなどという残虐さは神として到底ゆるされないことであろう。それもたかが、音楽の競争である。人の命をかけるものであるはずがない。

アポロンはその他の場合でも、人間であればありえないような残虐さを示している。ニオベが子だくさんを自慢したとき、子供が二人しかいないアポロンの母親のレトが、それを憤って、アポロンに報復させたのだが、アポロンはニオベの子供たち一四人を全員射殺しているのである。[181] 神をないがしろにした罪なのだろうが、子供を一四人もつぎつぎに殺し続けるのは、殺人魔としても異常というべきものだろう。動機が何であれ、一四人の連続殺人は人の世で裁かれれば、極刑に相当するにちがいない。これでは「神」でありつづけることはできない。なお、ニオベの夫アムピオンもこの時殺されている。

ポセイドン

海神ポセイドンは海ばかりか、内陸の水も支配するほか、地震の神でもある。したがって、地震、津波、洪水といった天災をつかさどり、「復讐心に燃え、危険な人物」（グラ

マルシアスの皮を剥ぐアポロン（16世紀の版画）

ント）といわれる。彼はヘラとアテナと語らってゼウスを縛り上げたこともある。また彼の二人の子供オトスとエッピアルテスはオリュンポスを攻略しようとして、山を積み上げた。ポセイドン自身、オデュッセウスが彼の息子であるポリュペモスを盲目にしたことを激しく恨み、オデュッセウスの旅に暴風雨を吹きかけて帰還をさまたげた。また、トロイ戦争では、トロイ方を目の敵にして、ギリシャ方に肩入れした。敵に回したら危険きわまりない暴戻神である。

荒ぶる神

伊勢の風土記逸文に安佐賀山に荒ぶる神がいたとして、一〇〇人行けば五〇人を殺し、四〇人行けば二〇人を殺したという。筑後など、各地に同様な伝承がある。また常陸の国の風土記逸文に、岩屋に寝ていた雷を太刀で切ろうとした話がある。この雷も害をなす神であろう。大国主の国づくりが完成するまでは、各地に祟り神、まつろわぬ神、人を食う鬼神などが盤踞していたのだろう。これはギリシャも同じで、テセウスがトロイゼンからアテナイへむ

ニオベの子供たちを攻撃するアポロンとアルテミス
（ジャック＝ルイ・ダヴィッド画　1772 年　ダラス美術館）

かったとき、街道に待ち構えていて、旅人を殺そうとする悪人が大勢いたという。[182]

戦いの神

旧約聖書の神は戦いの神で、異教徒に対して戦を挑み、敵を全滅させなければ満足しない「妬みの神」だが、ギリシャの神もトロイ戦争を陰であやつり、英雄たちに悲惨な死をもたらしてよろこんでいる戦いの神である。そしてまた、アトレウス家のように、一族の中で血みどろの戦いをして殺し合うことを求める神でもある。その大本は、タンタロスが神をためしてみたことに対する怒りであり、そこからひきつづく呪いである。

不公平な神ヤーヴェ

聖書の神がサタンに命じて、ヨブに過酷な試練をあたえたことは知られているが[183]、エサウとヤコブの兄弟について、不公平な裁きをしたことも忘れられない。これはヤーヴェ自身の裁きではないが、イサクがエサウを祝福するときに、次子のヤコブがエサウになりかわって、イサクの祝福をうけ、そのために、エサウがヤコブに仕えなければならなくなったことがあった。それをヤーヴェは是正しようとしなかった。ヤコブの不正をそのまま見逃したのである。ということはヤーヴェは詐欺師に恩恵を与える神ということになる。それについてはレビ記に「種を欺き、友人を偽る罪を犯した場合」について、罪を償う方法が記されている。「彼はそれを完全に賠償し、おのおのの場合につき五分の一を追加する」。つまり偽って不当な利益を得たときも、不当に得たものを返すだけではなく、二割の賠償金を払えば「責めをおったすべてのことに許しが与えられる」というのだ。偽りをおこなっても賠償さえすればいいというのである。詐欺師にたいして寛大な神であるといえる。またヤーヴェ、あるいはそのヤーヴェの意を戴したモーセは、部族間の争いについて、厳しい戦いをすることを求め、たとえばミディアン人から受けた仕打ちに報復するように求めている。そのさい、男子を皆殺しにし、女子供は生かして捕虜にしたところ、「女たちをみな、生かしておいたのか」と責め、「直ちに子供たちのうち、男の子は皆、殺せ。男と寝て男を知っている女も皆、殺せ」という。非戦闘員の全員虐殺をヤーヴェは求めるのである。あるいは、申命記では、カナン人その他の七つの民を滅ぼせといい、「あなたが彼らを撃つときは、彼らを必ず滅ぼしつくさねばならない」という。「滅ぼしつくす」とは女子供まですべて虐殺することをいう。聖書には残虐な戦いの場面がたくさん出てくる。ヤーヴェは戦いの神である。また彼は「嫉妬深い」神で、ほかの神への祭儀を断じて許さない。ヤーヴェに不満をいったりすると砂漠の中で炎の蛇を送って、不満の民をかみ殺させたりする。絶対の帰依を要求し、それにしたがわないと、情け容赦もなく、恐ろしい蛇を送り込む。戦争では敵を皆殺しにするように命令する。慈悲の心などかけらもない。地上の王であったら、民の心は背いて、クーデターや革命がおこって、王位を転覆させるところである。(184) すくなくとも「人道に反する罪」で裁かれる神である。この虐殺の論理をもってすればいかなる戦争犯罪も許される。

カナンの諸部族の一つであるアムル人を皆殺しにするヨシュア。ヨシュアはモーセの後継者である（ニコラ・プッサン画　1624 年頃　モスクワ、プーシキン美術館）

トロイ戦争

ヨーロッパとアジアの一〇年にわたる戦争のそもそものきっかけをなしたのは、「争い」の女神エリスである。彼女が、世界一美しい女神にといって投げたリンゴがヘラ、アプロディテ、アテナの三女神のあいだに争いをひきおこした。アプロディテは天下一の美女ヘレネを審判役のトロイのパリスに与える約束で、リンゴを手にした。これがトロイ方である。アテナはアテナイの守護神でもあり、ギリシャ方を擁護した。ヘラはデメテルとともにギリシャ方につき、ヘラの夫ゼウスは中立と言いながら、ヘラに対抗してトロイ方に肩入れした。ポセイドンはギリシャ方だった。アポロンはトロイについた。これらの神々がそれぞれの陣営の英雄たちを守り、あるいは鼓舞し、そのために両軍は拮抗して戦いの帰趨はきまらなかった。戦争が長引いたのも、神々の権力争いが絡んでいたからで、戦争を終結させたのは、神々の意思ではなく、トロイの木馬をつくったオデュッセウスの知恵だった。戦争の神はヤーヴェだけではなく、ギリシャの神々もトロイ戦争に責任があったのであ

アテナの加勢でトロイア軍の総大将を討つギリシャの英雄アキレウス
(ピーテル・パウル・ルーベンス画　1630年　フランス、ポー美術館)

る。

『マハーバーラタ』

インド神話で、ギリシャのトロイ戦争に相当するものは『マハーバーラタ』に描かれたパンドゥヴァ一族の戦いである。相手はカウラヴァ百王子。このクルクシェートラの戦いに天界の神々も加わって、両軍は死闘をくりひろげる。神々は両軍に武器を供給する。カルナは太陽神スーリアの息子である。アルジュナはインドラの子だった。ビーマは風神ヴァーユの子だった。戦士たちはいずれも神々の血をうけついでいた。戦士たちは戦いの前には戦いの女神ドゥルガに祈りをささげるのだ。クルクシェートラの戦いは神々の戦いでもあった。

クルクシェートラの戦い（18 世紀頃の写本）

呪われた一族

神あるいは神から生まれた半神であっても、生まれつき悪の烙印を押されているもの、あるいは呪いをかけられて、悪からのがれられないものがいる。テュポン、セト、そしてアトレウスの一族である。

アトレウス一族

アトレウスは兄弟テュエステスと妻を取りあって争い、次いで、テュエステスの子供たちを殺してその肉を調理し、テュエステスに食べさせた。その復讐をはかったテュエステスはデルポイの神託によって、自分の娘のペロピアと交わって、アイギストスを得、彼によって復讐をとげようとした。アイギストスはアトレウスを殺して、父の復讐を遂げた。その後、アイギストスはアトレウスの息子のアガメムノンの妻となっていたクリュタ

フランシスコ・デ・ゴヤ
《我が子を食らうサトゥルヌス》
1820年頃　プラド美術館

イムネストラと通じ、アガメムノンを殺し、オレステスによって、父の仇として殺されたが、オレステスは母親のクリュタイムネストラをも殺して、復讐の女神に追われることになった。この一族は、我が子を殺して神々に供したタンタロスが受けた呪いを代々ひきついでいた。その呪いの結果、人肉食い、父子相姦、兄弟や親族間での殺しあいなどをくりかえしたのである。人肉を神々に供したのはリュカオンでもあり、プロクネは我が子を殺して夫のテレウスに食べさせ[185]、父子相姦はアドニスの誕生にもみられた。これら人倫にもとる罪業をかさねたのはアトレウス一族だけ

テュエステスに我が子の肉を食べさせるアトレウス
（1410年頃の写本　ジュネーヴ図書館）

ではない。あたかもギリシャ神話の神々すべてが呪われているかのように、血族の間で、犯しあい、殺しあい、その肉を食いあっているのである。まさにゴヤの恐ろしい絵《我が子を食らうサトゥルヌス》に描かれたような凄惨な情景がギリシャ神話なのである。サトゥルヌス、すなわちクロノスはその結果、我が子ゼウスによって、位を追われて、地の果てに逼塞したが、それが、彼の子殺しの罪の結果であるなら、ほかの神々もそれぞれ、天空から落ちなければならないだろう。無謬の神はいないのである。

テュポン

ゼウスの覇権を覆すためにガイアが、タルタロスと交わって生み出した怪物。百匹の蛇の頭をもっていた。ゼウスとの戦いでは、一度はゼウスを押し倒し、手足の腱を切りとってしまったこともあったが、ヘルメスがその腱を奪い取って、ゼウスにつけてからは、ゼウスが優勢になった。ゼウスは最終的にはエトナ山をテュポンの上に投げつけて、彼を制圧した。しかし彼は地獄の仲間と手をむすんで、恐ろしい暴風神となった。またエキドナと交わって、キマイラ、ラドン、その他の怪物を生み出した。ゼウスとの闘いでは最終的に敗れ、地底に投げ落とされたが、一度はテュポンが勝っていたのであり、神の一族として不死であって、また立ち上がってこないとはかぎらない。ゼウスも覇権を維持するにはテュポンとの死闘をくりかえす必要があるだろう。

テュポンとゼウスの戦い
(ギリシャの壺絵　前6世紀
ミュンヘン、州立古代美術博物館)

セト

ギリシャのテュポンに相当する暴れ者で、エジプト神話では天下の主権をめぐってはじめは兄弟のオシリスと、次には甥のホルスと戦った。オシリスとの戦いでは、彼を棺桶に入れてナイルに流し、イシスがそれをとってくると、今度はオシリスを一四に細切れにしてエジプト各地にばらまいた。ホルスとの戦いではナイルのなかでカバになって戦った。が、結局、そのどちらにも敗れて、南エジプトに追いやられた。しかし、オシリスも勝ったとはいえ、地上の王ではなく、冥界の王に甘んじなければならなかったのは、地上にはセトがいるせいで、ホルスにとっても、セトの脅威はなくならなかっただろう。なお、セトは地底をめぐる太陽の舟の舳先に乗って、夜の怪物たちと戦っているともいわれ、冥界神の性格ももっているので、オシリスも冥界の王としてのんびりしているわけにはいかない。

太陽の舟に乗り夜の怪物と戦うセト
（前 900 年頃　カイロ博物館）

四、奇跡とまやかし

イエスはかずかずの「奇跡」をおこなった。しかし、その大部分は「まやかし」の奇術に類するものだった。それにそんなに魔術的な奇跡をおこせるなら、十字架から飛びたってみせてもよかった。本当の神は奇跡になどたよらず、説教以外はだまって去っていけばいいのではないだろうか。(186)

奇跡と幻術

神が行う奇跡とは一種の幻術ではあるまいか。変身の場合は魔術といってもいいだろう。あるいはアプロディテがヘクトールを雲でくるんで敵からみえなくしたなどというのは「めくらまし」であろう。

イエスの奇跡

イエスの蘇生は磔刑によって呼吸器官が圧迫されて一時

意識を失っていたものが、十字架から降ろされてしばらくして、意識をとりもどしたことであるかもしれない。すくなくとも、斬首のような致命的な処置はうけなかった。四時間ほど十字架にかけられていただけなのである。[187] ラザロの「復活」も一時的な仮死状態からの「復活」である可能性があるだろう。病者をいやした例は呪術王が、手をふれて瘰癧をいやしたり、歩けなかった患者を立ち上がらせて歩かせたりすることと同じ精神的な暗示療法のようなものかもしれない。カナの婚礼の場はワインやパンがいくらでも出てきたというのだが、これは実際に大量にそれらを用意していて、ふんだんにふるまったこととも考えられる。五〇〇〇人の祝宴にはそれだけの用意をするのが当然だろう。石牟礼道子の小説では、天草四郎が、説教のさいに鳩を飛ばしてみせるところがあり、奇跡ではなく、奇術であるとされているが、新興宗教などの布教にあたっては、ある程度の「奇跡」を現出しないと大衆がついてこないものだろう。実際に一切れのパンが無尽蔵にふえたなどということは奇術でなければおこりえないことで、イエスの教え

ミハイル・ダマスケノス《カナの婚宴》1565 年頃　ヴェネツィア、コッレール美術館

はそのような奇術を必要とするものではなかったはずだ。すくなくとも大勢の人を招いて食事をふるまうことには精神的な意味はすこしもない。にもかかわらず、そのようなまやかしを「奇跡」として大々的に説くとすれば、新約の神は奇跡の神ではなく「奇術」あるいは詐術の神だったというべきだろう。[188]

モーセの手品

モーセは兄弟のアロンとともにファラオの前に引き出されて、エジプトの神官たちと、奇術比べをおこなう。アロンが杖を投げると蛇になった。ファラオの神官たちも同じことをした。しかし、エジプト中にブヨや蛙をつくりだすとファラオの神官たちは手も足もだせなかった。[189] モーセはユダヤの民を導いて、荒野をさまよった。ヘブライの神は彼らに炎の蛇を送った。それに対して、モーセは青銅の蛇をつくって、対抗した。[190] 炎の蛇に咬まれたものも青銅の蛇に祈れば、傷が治るのだった。人々が飢えた時、ヘブライの神はマナを下した。これが何をさしているのか不明だが、

モーセのつくり出した青銅の蛇
（アンソニー・ヴァン・ダイク画　17世紀　マドリード、プラド美術館）

人々の飢えを癒やす奇跡の食べ物であったという。このようにヘブライの神、あるいはその意を戴したモーセは魔術、ないし奇術によって人々の心を導いた。真実の言葉で人々を導いたものではなかった。

ゼウスの奇跡

タンタロスは訪れ神を試してみようとして、我が子のペロプスを殺して料理のなかに混ぜて、神々に供した。神々というのはゼウス以下、オリュンポスの神々だった。そのなかのゼウスがタンタロスのたくらみを見抜いて、テーブルをひっくりかえした。(191) そして、死んだペロプスを生き返らせた。その時、デーメーテールがぼんやりしていて、だされた肩の肉を食べてしまった。そこでやむを得ず、そこに象牙のつくりものを入れて、復活させた。ゼウスは、細切にして殺され調理された者を復活させるという魔術に通じた神である。(192) また人々もその神の通力に半信半疑であったようである。

タンタロスの企みを見抜き、ペロプスを生き返らせたゼウス
（ジャン＝ユーグ・タラヴァル画　1767 年　ヴェルサイユ宮殿）

ヤギの牽く車に乗るトール
(『古代ドイツの神々と英雄』挿絵　1890 年)

トールの奇術

トールは旅に出るときはヤギに牽かせた車をつかった。そして、夜になって、泊まるところをさがすと、乗ってきたヤギを殺して、料理させ、食べ終わると、ヤギの皮の上に魔法のハンマー、ミョルニルを置いて、ヤギをもとどおりに生き返らせた。これを何度でもくりかえすのである。このハンマーは投げても、かならず手元にもどってくるハンマーだった。ただトールもこのハンマーがなければ何もできないことを巨人たちの館にまねかれて思い知らされる。大杯の酒の飲み比べをしたときは、思い切って飲み込んだつもりの酒がちっとも減っていなくて、競争に負けてしまうが、あとで、あの盃は海に通じていて、海の水を飲み込んでしまいそうになったのだが、それだけのことができる巨人はいないと告げられる。あるいは猫をもちあげる競争をするが、トールがやると猫の片足がやっとあがるかどうかで、うんともすんともいわない。これも仕掛けがあって、猫のように見えたものは、ミッドガルドの蛇で、世界を取り巻いているものだった。次にはよぼよぼの老婆と取っ組み合いをして、どうしても勝てなかったが、老婆とみえたものは実は「年」でだれも年齢には勝てないのだと種明かしをされる。魔法でだまされたわけだが、北欧では神々も巨人もたがいにだましあっているのだった。

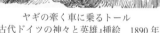

リアノン

アイルランドの神々も幻術にはたけていた。プウイルがあるとき狩りに出ていると、美しい婦人リアノンが馬に乗って通り過ぎる。王が家来に女のあとを追わせるが、どんなに早駆けをしても追いつかない。それが三日くりかえされる。彼女の馬には魔法がかかっていて、だれも追いつけない。三日目に王が声をかけると、女は馬を止めて話をする。そして二人は意気投合して結婚するが、最初に生まれた子供がいなくなる。魔法でさらわれるのだ[193]。何年かたって、子供は養い親のところで、無事にいることがわかる。同様な魔術では、リールの子供たちが継母によって白鳥に変えられ九〇〇年のあいだ、北の海をさまよう。

白鳥に変えられたリールの子供たち
(『ケルト人の神話と伝説』挿絵　1910 年)

神の沈黙

旧約聖書の神ヤーヴェが噴火によって姿をあらわし、なにかというと過酷な命令をその民に下し、戦争があれば、敵を一人残らず虐殺させたりする恐ろしい神であるのに対し、新約聖書の神は地上の出来事に直接介入することはなく、どこにいるのかもわからないのだが、その子イエスが十字架にかけられたとき、イエスが「なぜ見捨てるのか」と問いかけても何も答えなかったというのは、神の沈黙として[194]、信者にとっては躓きの石になっている。もちろん神がそんなに簡単に答えるものではないとしても、磔という苦しみが長続きする極刑を課したのがなぜなのかという疑問には説明がない。日本のキリシタンが課された磔刑は、見せしめとして、なるべく残酷な刑がそれもなるべく長続きするように工夫されていたが、イエスの場合には、そのような見せしめの効果をねらったものではない。人々の罪科を背負っての犠牲であれば、犠牲獣の場合のように、首を切ったり、撲殺したり、なるべく苦しまずに済むようにしてもよかっただろう。磔刑は死ぬまで数時間かかって、苦しいもののようである。その苦しみも神の意思であったのなら、その際神が介入して苦しみを軽減してやるなどということがありえないのは当然だとしても、苦痛を長びかせる刑を用意した神の意図ははかりしれないといわざるをえない。なお、このときのイエスの問い「エロイ、エロイ、ラマ、サバクタニ（神よ、なぜあなたは私を見捨てられたのか）」は旧約聖書の「詩編」の一句という。[195] であれば、このときイエスは初めて、旧約の神、奇跡の神に祈ったのである。しかし旧約の神も救いの神ではなかった。また、磔刑はどんなに苦しくとも、より苦しみの少ない刀や槍によるものとちがって、蘇生の可能性のあるものだった。首を切られたり、心臓を槍で突かれたりすれば、蘇生は不可能である。[196] であれば、人々の代わりに苦しみをうけること、三日後に蘇生すること、そして民間の伝承で、その三日の間、地獄に下って、そこにとらわれている人々を救ったとされていること、そのすべてが新約の神の計画だったということになる。しかしそうであれば、そして人々がその「まやかし」に気がついていれば、その「芝居」は人々の反感をよびこそすれ、同情も讃嘆もよびおこすことはなかった。彼に最も近かった使徒たちの記述でも復活したイエスとの出会いは語ってもそのあとの本当の帰天については沈黙ではないものの奇跡としては叙述していないことの理由がそこにあるのかもしれない。実際に目の前でイエスが天にのぼっていったとすれば、その驚きはいかなるものであった

キリストの復活
（ラファエロ画　1500 年頃　サンパウロ美術館）

ろうか。[197] そしてなぜマタイやヨハネはそれについて語らないのだろうか。また、「天に上げられる」といっているルカやマルコでも、どのようにしてイエスの体が天にのぼっていったかは語らない。「天に上げられ、神の右の座につかれた」というだけだが、ということは、神の姿も見えたのだろうか。仮死状態のものが息を吹き返すことはよくあることだ。しかし、それまで話していたものが、すうっと天にのぼっていったということは、普通ならありえないことである。それがおこったのに、なぜ使徒たちは簡単に「天に上がった」としかいわないのか。これこそ大いなる謎といわなくてはならないだろう。

アウシュヴィッツ

アウシュヴィッツの存在を許した神は、はたして正義と愛の神だろうか。すでにみたようにヤーヴェは殺戮の神である。正義のためには敵を皆殺しにするように命ずる非道冷酷な神である。なんらかの民を皆殺しにするようにと神がいったとしても、それが聖書のなかで何々人を皆殺しにするようにといっている神であれば、怪しむにはあたらない。ただ、皆殺しにしても、やり方があるだろう。アウシュヴィッツその他のナチの収容所のやりかたはまさに非人道的だった。[198] しかし誰が虐殺されるのであれ、正義の子が不当に罰せられ、父の祝福を詐取した弟が神の恵みをうけるように、その場次第で正義とは無関係に虐殺を容認するような神であれば、ユダヤの民が皆殺しになってもしかたがないのだろうか。ミディアンの民も全員虐殺された。アウシュヴィッツで虐殺されたのはユダヤ人だけではなく、ロマも殺された。問題はそのような皆殺しのシステムを宗教として容認するかどうかであり、アウシュヴィッツを容認した神をみとめるかどうかである。[199] 第二次世界大戦を起こしたのも、アウシュヴィッツの虐殺をゆるしたのも、広島に原爆を落としたのも、すべて神の摂理であるなら、その神は正義を取り違えた、堕ちた神にちがいない。実際には戦争には戦争責任者がおり、アウシュヴィッツにはアウシュヴィッツの司令官がいて、神にはその責任はとわれなかった。神はあらゆる残虐非道に対して、目をつむり、耳をふさいで、我関せずといっていたということだ。であればわれにもそのような神にしたがうべき責任はないことになる。「神はどこにおわします」とエリ・ヴィーゼルの『夜』のなかで、囚人が問う。返事はない。神は雲隠れしているのだ。あるいは落ちて、囚人たちにふみにじられているのだ。そうやって死んでいったラビもいた。『アウシュヴィッツの沈黙』で作者が問う。「神は何も語られなかったのか。何も語らず、何もあらわさず、何も救わず、ただ自らの民が青酸ガスで殺されていくのを見ていられたのか。一切を沈黙で押し隠し、漫然と黙認されていられたのか(200)」。

南京虐殺

被害者の数は資料によって数万から三〇万までの開きがあるが、市民や捕虜の虐殺が南京であったことは否定できない(201)。非戦闘民の殺害としては東京大空襲をはじめ、広島・長崎をふくむ空爆においても、無差別爆撃がおこなわれ、それを裁かれれば戦争犯罪と認定されるべきものであろうし、ベトナムでの枯葉作戦なども、合法的とはいいかねる殺戮行為であったが、大きくいって戦争と呼ばれる状況においては、大なり小なり、いかなる国、いかなる時代においても、残虐行為は不可避であろう(202)。だからゆるされるというわけではない。あったことはあったことである。それら全体的な戦争の惨禍を象徴するものとして、南京戦における、日本軍や日本の個々の兵士による残虐行為があげられること自体については、いかなる見方からしても、否定はできないだろう。これについて、秦郁彦『南京事件』が「無差別殺人に走った日本兵士の行状は、まさに鬼畜の所業と言うべく、同じ国民の一人としてただ恥じ入るほかはない。どんな強弁をもってしても、これを正当化する論理は構成できないだろう」というとおりであろう。具体的には、中国軍が撤退したあとの南京に入城した無秩序状態の兵士たちによる略奪、強姦、放火そして、軍の手による、裁判をへない捕虜の処刑が数の大小は別にしてあげられよう。法的処置をへない捕虜の処刑はまぎれもない国際法違反だった。

生体解剖

遠藤周作の『海と毒薬』によれば、米兵捕虜の生体解剖事件にたちあった研修生は、すべてが終わった後、「俺には良心がないのだろうか」と自問し、「堕ちるところまで堕ちたという気持ちだけが彼の胸をしめつけた」。解剖の前日、彼は「神というものはあるのかなあ」とつぶやいていた。それを聞いてもう一人の研修生勝呂は「俺にはもう神があっても、なくてもどうでもいいんや」という。その勝呂が、戦後、郊外の新開地で医師として開業している。「仕方がないからね。あの時だってどうにも仕方がなかったのだが、これからだって自信がない。これからも同じような境遇に置かれたら僕はやはり、アレをやってしまうかもしれない」（『海と毒薬』）。「アレ」とは、『沈黙』なら踏み絵である。神の否認である。あるいは殺人である。この作品では生体解剖で、これは現実におこなわれていたと認められる。アウシュヴィッツでも人体実験はされていた。九州大学での生体解剖はわかっているものだけで八件だった。なおここで研修生たちが「神はあるのか」と問うところで、いかなる神がなざされているのかが不明である。アウシュヴィッツのユダヤ人の場合にはユダヤの神であり、ロマの場合は彼らの名前のない神で、勝呂たちにとっては、「神も仏もあるものか」といった意味での神だったか、それともキリストの神だったかがわからない。事後の裁判においては、「人道的な罪」を裁くキリスト教論理のシステムが裁いたのだが、研修性たちにとっては、裁かれたのはその神のほうであったかもしれない。そんな無法で残虐なことが許されているとすれば、それは「神」の責任だというのだ。すくなくともこのとき「神はあるのか」と問いかけた研修生たちには、「神があれば、そんなことはゆるさないだろう」という考えがあったはずで、それが暗黙のうちに神の否定になっているのだ。

信者の試練

『沈黙』のなかでは信者の信仰がためされる場面がいくつかある。作者はどちらかというと棄教者に同情をよせているが、『黄金伝説』などに描かれた殉教の場面ではただのひとりも教えをすてて生き延びたものはいない。教訓的伝説と、現実をふまえた小説のちがいかもしれないが、生きるか死ぬかの選択で、信仰をためすのは非人間的な行為ではないだろうか。アウシュヴィッツでも、囚人の身代りになって死んだ司祭はいたが、大部分の生存者は生きるか死ぬかの選択で生き抜くことを選んでいたのではなかっただろうか。

踏み絵

遠藤周作の『沈黙』で、ロドリゴが踏み絵をしようとして、足をあげてためらっていたとき、「踏んでいい」といったというのは、ロドリゴの自己正当化の声で、イエスの声であるはずはない。まして父なる神の声ではありえない[203]。イエスが「なぜ見捨てたのか」と問いかけたのは父なる神にたいしてであり、沈黙して答えないのも父なる神である。踏み絵の場合も何らかの声が聞こえるとしてもそれは父なる神の声であるはずはなく、それが幻聴ではなくじっさいに聞こえれば、奇跡である。心内の声にしても、踏むべきか、踏まざるべきかという心内の戦いにおいて、「踏むがいい」と父なる神の声が聞こえたと思うなら、それなりに、心の内なる神がいった言葉として、理解できる。それが、踏まれているイエスの顔がいったとするなら、その意味はことなってくる。イエスは人の罪を背負って十字架についたのである。その苦しみをイエスは引き受けていなければならない。であれば、彼の偶像を踏まれるときに、痛みをおぼえるとしても、それはロドリゴの心内のイエスであって、踏み絵をしようとするロドリゴの足ではない。父なる神の教えがあり、犠牲になるイエスの苦しみがあり、その苦しみに手をかすロドリゴの心の痛みがある。声が聞こえるとすれば、父なる神の声であるはずだが、その声ははたして沈黙していたのか、それともロドリゴには聞こえなかったのか、いや、聞こえていたのだが、ロドリゴの都合のいいようにあえて聞き間違えていたのか、そのどれかであろう。心の中で神に必死の問いかけをする。それにたいして心の中ではっきりと、するべきことを命ずる声が聞こえるのが、堅固な信仰をもったものの場合だろう。心の中の問答で、どんな問いにも答えない神であるとすれば、その神はどこにもいない神か、信仰が神の声を聞くにいたっていないかであろう。なおここで、踏むようにいわれたイコンはどこでつくられたものかわからないが、日本でできたものであるとすると、その正統性ははなはだ疑問である。あるいはそれはマリア観音のような異端のものかもしれない。何にしてもそれはただのレリーフで、キリスト教の本質からすれば偶像である。かならずしも偶像を否定しないカトリックにおいても、どんな画像も神聖なものであるとはかぎらない。由緒もわからない画像を大事にして踏んではいけないという神ははたしているのだろうか。そんなものを踏んだくらいで捨てたことになる信仰なら、そんなものはどうでもいいともいえるのではないだろうか。

殉教

ローマ時代からキリスト教の迫害にともなう殉教の例が数多く知られており、『黄金伝説』には、それらの物語がおさめられている。日本ではキリシタン弾圧にともなう殉

踏み絵「十字架上のキリスト像」
（真鍮製　東京国立博物館）

真鍮踏絵を用いるようになった1670年以降、長崎ではすべての領民を正月に集めて行なう年中行事になり、市が出て賑わったという。また、真鍮踏絵は信仰の対象でなく奉行所の注文で作られたため、キリシタンがこれを踏む苦痛は板踏絵よりは軽減されたという

教が知られているが、拷問の結果、棄教を選んだものも少なくはない。磔などになって、生命力の限界まで拷問をうけ、生きることを選んだものが、棄教者としてさげすまれ、死を選んだものが殉教者としてあがめられるのは、生命の軽視にあたり、殉教とはキリスト教が禁じた自殺とおなじものではないかとさえ思われる。アウシュヴィッツで生きることを選んだユダヤ人のなかには、ユダヤ人であることを否認し、ユダヤ教を捨てることによってのみ、生きることができた人もいたのではないだろうか[204]。命を懸けて教えに殉ずることと、どんなことをしても生き抜く意思を貫くこととは、どちらも立派なことだろう。磔にされたキリシタンに「転んでいい」と神がいったとすればそれこそまさに生の尊さを諭した声であるはずだ。「転ぶな」ということは「死ね」ということだ。死ぬことより生きることをすすめる声が聞こえたら、それを神の声として、なおも苦難の生を生きてゆくのが本当ではないだろうか。ただし、その状況が生きるか死ぬかではないときに、安易に棄教をし、かつそれを神の声だとして自己正当化をするのは話が別だろう。

トゥールーズの初代司教とされるサトゥルニヌスの殉教（『黄金伝説』 14世紀の写本）

ルルド

一八五八年二月十一日フランス南部のルルドに聖母があらわれた。それを目撃し、話をかわしたのは近くの農家の娘、十四歳のベルナデットだった。顕現は同年七月まで一八回におよび、洞穴のなかの泉の水を飲むように指示さ

ルルドの洞窟の聖母像

れ、やがてそこに聖堂をたてることも命じられた。ベルナデットはその後、修道院に入り、修道尼になって、三十五歳で帰天した。ルルドの泉の水が奇跡的な治癒力をもっていることが喧伝され、巡礼者でにぎわうようになり、奇跡的治癒と認定された例も数十件にのぼっている。泉の水については、科学的分析の結果はただの水で、特に薬学的な成分はふくまれていないとされているようである。奇跡的治癒の例は暗示による自然治癒とみられる。聖母の顕現はほかにも何件かあるが、奇跡的治癒の例は少ない[205]。また医学的にも奇跡的治癒はいくらかあるだろうが、それを神の奇跡としなければならない理由はない。神が奇跡をあらわしたので治ったのだと断定できるものはないのではないだろうか。病気によっては、服薬も手術もなしで、自然の治癒力だけで治ることはまったくありえないことではない。そのとき、ルルドの泉の水が特効薬であると信ずるなり、聖母の仲介で治ったのだと信ずるなり、それは患者の自由だが、どうして治ったのかあやふやなまま、そのいくつかの治癒例を奇跡と認定して教会の宣伝に使わねばならないのなら、その宗教はあきらかにまやかしの堕ちた宗教である。

五、民間信仰

キリスト教も異教徒の間に広まってゆくには、奇術まがいの「奇跡」の演出が必要だった。偶像もまた民衆の教化には不可欠だった。アジアでも天空という概念の崇拝とは別に、また天空に瞬く星を信仰するのでもなく、その天空から落ちてきた地上の童子神にすがろうとする民間信仰、あるいは死後の救済を期待する地蔵信仰など、公式の教義ではみとめられないものが、庶民のあいだに広まっている。それは春日の若宮信仰であり[206]、童形神で信仰された妙見であり、各地の祭りで猿楽を演じた猿楽衆の祖とされ、壺に入って流れてきたという秦河勝《はたのかわかつ》である。いずれも地上に落ちてきた神であり、さらに零落しつづける神々である。

　ヨーロッパの中世最大の異端カタリ派などは、ローマ教皇方からの激しい攻勢によって殲滅させられるが、黒聖母などは、公式の教義に反するわけでもなく、とくに弾圧されなければならない運動でもなかったせいか、庶民のあいだに静かに浸透していた。魔女裁判にもとりあげられなかった。オリエントの宗教も、ミトラ教から、バッカス教までは、熱狂的な信者団が形成され、なんども厳しい弾圧を受けたが、イシス教は弾圧をくぐりぬけていった。テンプル騎士団も弾圧より、自然壊滅によって姿を消していった。これらの静かな異端は、しかしいずれも「堕ちた神」の信仰であって、厳しい信仰を信者に強いるものではなく、公式の信仰に対して大きな声で抗議するものでもなかった。というより公式の信仰のほうも「堕ちつつ」あったのであり、カタリ派や魔女裁判や[207]、プロテスタントとの宗教戦争以降は、「正統」を公称する権威も失われてゆきつつあったのである。

西欧の民間信仰

古代ヨーロッパに蛇女神などの信仰が広まっていたことは、ギンブタスによって示されている。その残滓はメリュジーヌ伝承などにみられるが、そこにはミトラやキュベレなどのオリエントの信仰の伝わったものも認められる。それらの民間信仰でとりわけ強固な影響力をもっていたものは、大地母神信仰であろう。

黒聖母

十二世紀ごろから、南フランスを中心に黒聖母信仰が広まった。地獄の聖母ともいわれる。土中から発掘されて黒ずんだ聖母がとくに霊験あらたかだとして庶民のあいだに信仰された。[208] もちろん公会議などで認められた公の信仰ではない。そもそも聖母信仰が公会議で認められたのはかなり時代をくだってからである。[209] まして全身真っ黒で地獄から来たとされる黒聖母など認める教義は存在しない。イエスが地獄へくだったというのも庶民信仰であって、公のものではない。しかし、罪業をかさねる庶民にとって、地獄落ちの恐怖は大きかった。そこで、地獄を訪れたイエス、地獄からたちあがってきた聖母についての迷信的信仰が広まっていった。罪を犯した人間も黒聖母に祈れば許される。あるいは病気治癒などの現世利益をもとめる祈願も、公式の聖像には取り上げてもらえないとしても、黒聖母なら聞きとどけてくれる。白い聖母はあまりに清純で近寄りがたい。黒聖母は日々真っ黒になって働く男女にとってなじみやすい聖母である。[210] そんなところから、白聖母を「修復」して黒く塗ってしまうことも行われた。すると信者の寄進も倍増するのだった。この黒聖母はシャルトルなどのように、聖堂の地下でひそかに崇拝されていることが多い。[211] そのせいか、盗まれてしまうケースも少なくない。

フランス南西部の巡礼地、ロカマドゥールの黒聖母。クルミ材で作られているという

イシス信仰

黒聖母の造形において幼子ホルスを抱いたイシスの像と似た形がとられた。帝政ローマの末期から、ミトラ教、キュベレ教などのオリエントの密儀宗教がヨーロッパに導入されたが、イシス教はそのなかで、もっとも後から導入され、バラ十字などにとりいれられ、十九世紀にいたるまで、ヨーロッパ中に広まった。キリスト教

ホルスに授乳するイシス像

の母子神信仰、聖母信仰を母体として、冥界神オシリスの信仰ともかさなって侮りがたい力をもっていた。そのもとにはアドニス、アティス、ディオニュソスら、女神に愛されて夭折し、復活した神の信仰があったし、オシリスの分身であるセラピス神を中心とするセラピオン結社の活動もあった。また、フリーメーソンの一派がエジプト教団を唱え、[212] エジプトの神々をとりいれたこともあった。そこでは母神イシス、子神ホルスのほかに、殺されて復活した父神で、冥界神のオシリスが信仰され、死んだ神が崇拝されたことが注目される。イシス信仰では、アプレイウスの『黄金のロバ』の存在も見逃せない。魔法によってロバに変えられた主人公は、イシスの導きで、女神の手から奇跡のバラを食べさせてもらって、人間にもどるのである。

中世のタピスリーに描かれたブルゴーニュ地方のテンプル騎士団

テンプル騎士団

十字軍時代に聖地エルサレムを防衛するためにエルサレム王国と、テンプル騎士団が形成され、騎士団はエルサレム王国没落後ヨーロッパにもどってきて、野武士のような形で存続し、各地に膨大な富を隠しているといった伝説も生んだ。が、実際は運営資金にゆきづまり、騎士団からの給与は払われず、傭兵になったり、野盗、街道のおいはぎに零落するものもあった。それとともに聖地奪還の可能性もなくなり、名分を失っていったが、それはキリスト教の零落と軌を一にするもので、「堕ちた宗教」の象徴のような存在となっていった。民間では「赤い修道士」という伝承を生んだが、白衣に赤い十字を大きく描いた彼らの僧衣が血まみれになって、真っ赤な衣を着て、夜道にあらわれる夜盗・妖怪として語られたのである。なおテンプル騎士団は公式には一三一二年に活動を禁止され、解散させられた。

民衆の俗信

日本の民俗信仰といえば、おしら様であり、金精信仰であり、あるいは馬頭観音や、道祖神信仰だったが[213]、いずれも公式の宗教に公然と反旗をひるがえすようなものではなく、したがって、弾圧もうけることなく、黙認されていた。それらは庶民にとってはなくてはならない「神」であり、あるいはいずれは救いをもたらすものであって、今現在の公式の宗教によってはもたらされない希望を未来につなぐものであった。そのなかには富士川のほとりで生まれた常世神信仰のように、あれよあれよという間に一大勢力になって、都までおしよせていって、したがって、公儀の弾圧をうけて消え去ったものもあったが[214]、天竺からやってきて地上に垂迹した仏にしろ、その仏教を神宮寺のような形で抱き込んで生き残りをはかる神道の神にしろ、あるいは新羅明神のように異国から飛んできて、地上に落ちた新来の神にしろ、祟りをなす御霊にしろ、いずれは「堕ちて」消えてゆく衰弱した神にほかならなかった。

天白信仰

金星が地上に落ちて天白《てんぱく》となるとする信仰は、伊勢志摩から東北にかけて民間信仰に根付いている[215]。名古屋では天白区に地名としてのこっている。星辰信仰としては北極星

妙見菩薩
(『増補諸宗 仏像図彙』1792 年)

出雲大社の竜蛇神図
(国立国会図書館)

を対象とした妙見菩薩《みょうけん》も千葉などを中心として信仰されていた。いずれも天空の星が地上に垂迹して、人々を済度するものとされる。妙見は亀に乗った姿でもあらわされるが、亀は北の方角を示す玄武からきているものと思われる。いずれにしてもこれは中国から渡来して日本に「落ちた」民間信仰である。

蛇神信仰

山陰地方において蛇神信仰は特に顕著だが、日本全国に分布する憑き神信仰のひとつである。狐憑きとも同様の信仰形態を示すもので、羽振りのいい成り金の家で、蛇神を飼っていると噂される。縁の下の甕に蛇をいれていて、酒をそそいでやるともいう。それを怠ると祟りがある。縁を切ろうと思っても切れない。トヨタマヒメ、ヒナガヒメ、三輪山伝承、クレフシ山伝承などで、くりかえされる蛇婿の話からの展開だが、蛇女房の場合もある。三輪山伝承で、神が最後に昇天するところをみれば、この蛇神の素性が明らかで、天からくだってきたものである。(216)

漂着神信仰

流されたヒルコが恵比寿となったものだけではなく、ガガイモのさやに乗って漂着したスクナヒコナや、同じスクナヒコナが大国主とともに大洗海岸に石神として漂着したものもここにふくめられよう[217]。漁師の網に観音像がかかったなどというものもある。「海のかなたからゆくりなく流れよる神」、「海坂のかなたから神は船や岩に乗じて来着した」（小倉学「漂着神」『日本の民俗宗教』）。小倉があげている能登の例では笠島神社の神は、因幡の気多岬から船で来臨したオオナムチに供奉した猿田彦であり、気多神社の神は鹿と亀に乗って七尾に来着した。これらは海上漂着だが、天空からの降臨と原則は同じである[218]。鶏が漂着したので、網ですくうと薬師・観音と化したというのもある。

公認の俗信

官許の大寺社の信仰でも、弥勒、稲荷、御霊などの信仰は民俗信仰といっていいもので、その根拠はあまりはっきりしておらず、だからこそ、庶民が自分たちに都合のいいように解釈して毎日のようにお詣りを続けることができるものだった。中でも伏見稲荷などは、その裏山に無数に建てられた小祠の群れをみてもその圧倒的な庶民の信仰の強さに感銘を受けざるを得ないが、弥勒の下生信仰にみるように、それらは本質的に地上的な信仰だった。なお沖縄のミルク神信仰も東南アジアの弥勒信仰が海を渡って伝わったものとされ、韓国の布袋型

伏見稲荷の裏山に建てられた多数の祠

八重山地方で豊年祭に現れるミルク神

京都・醍醐寺の弥勒菩薩

弥勒などと合わせて、渡来型信仰としての性格ももっている。その他の宗教は、日本の精神文化を主導する役割を放棄して久しい。

弥勒信仰

弥勒菩薩は釈迦入滅後五十数億年後に地上に下生して人々を救うものとして、一種のメシア信仰として広まった。蔵王権現ほかの権現も、仏の化生で、天空からやってきて地に降り立ったものである。本地垂迹説も本来的には天竺の諸仏が空を渡って日本にやってきて、地に降り立って古来のあるいは新来の日本の神として垂迹するとみるものだから、地に降りた神仏の一つの形である。しかしとりわけ弥勒信仰は未来において「下生」して衆生を救う弥勒を待望するもので、天と地をむすぶ垂直軸の信仰である。

御霊信仰

藤原広嗣《ひろつぐ》、淳仁天皇、井上皇后、他戸《おさべ》親王、早良《さわら》親王、等、陰謀の疑いで流刑となり、殺されたとみなされたものたちが、死後、祟りをなすと噂され、その怨霊をなだめるために、御霊神社が建てられ、御霊がまつられたのがはじまりとされる。その御霊絡みでは、広嗣の敵と目された玄昉が、左遷され、その地で死んだとき、赤衣を着たものがあらわれて、玄昉をつかんで空にのぼり、遺骸を粉々に砕いて落としたと『今昔物語集』にある。その後、崇徳上皇の怨霊も恐れられ、特に神社は建てられなかったが[219]、山稜がもうけられた。奈良では八社御霊神社が広嗣ほかをまつっている。鎌倉には鎌倉権五郎景政をまつる権五郎神社がある[220]。いずれも帝位継承や、幕府転覆の陰謀の嫌疑で捕らえられ、直ちに配流地へ流される途中で、あるいは先方へついてすぐに死亡が確認され、毒殺とみられている人々などで、死後怨霊になって祟るので、種々の祭りを行って、怨霊をしずめようとするが、効果がない場合が多い。いずれにせよ、御霊は殺されたものの霊である。が、御霊は鎮められるだけではなく、国境に埋められて敵を退散させる威力をもったものともされ、本来なら天にのぼっているはずの霊が地上でまつられ、疫神退散などの機能を期待されるのであって、「殺された神」のひとつであろう。

稲荷信仰

ダキニ天が日本に来て、狐の姿をとって、稲荷神として庶民に崇拝される。これに蛇神とおなじく憑き物としての狐、あるいはゲドウが人にとりついて精神に異常をきたすものと信じられ、明治時代に日本に来た医師ベルツの観察では、日本の精神病者の九割は狐憑きだとされた。稲荷神

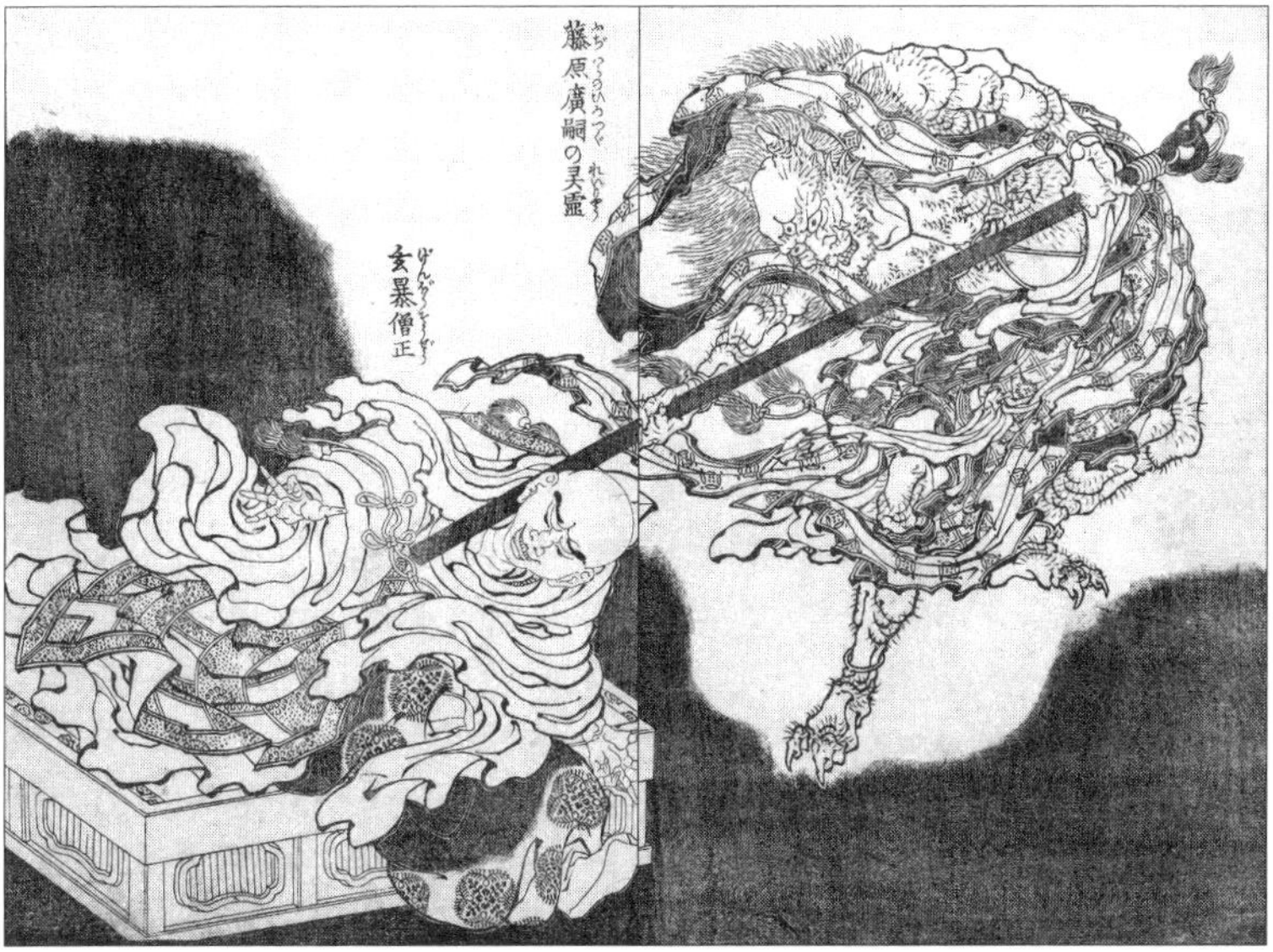

玄昉僧正を錫杖で打ち据える藤原広嗣の怨霊
（葛飾北斎『絵本魁　初編』1836 年）

ダキニ天（『荼枳尼天曼荼羅』江戸時代）

は、ウカノミタマという姫神で狐に乗ってあらわれる。狐のほうは、乗り物であり、使い神であるが、庶民は稲荷神イコール狐として信じている。伏見稲荷が神道系、豊川稲荷が仏教系だが、憑き神としてはどちらも同じようなもので、狐憑きの家へ行くと、長押《なげし》に小さな狐が七五匹並んでいるなどという。行者に来てもらって憑き物落としの行法をしてもらうと落ちるという。いずれにしても「零落した神」の代表的なものだろう。

六、神々の住まい

神々が天空から落ちる例を今まで見てきたが、そもそも神々は天空に住んでいたのだろうか。ギリシャではオリュンポスの山頂に神々の住まいがあったとするが、今、オリュンポスにのぼってみても、そこに神々が住んでいたらしい形跡はない。そこには神殿もないのである。せいぜい、途中の山小屋で売っているジュースの缶がころがっているくらいである。日本では高天原《たかまがはら》に神々が住んでいたという。そして確かに、高天原では水田耕作がおこなわれ、鉱山があって、金属の製錬をやっていた。川も流れている。折口信夫はしたがってそれを高原状の地帯であろうというが、であれば、その「高天原高原」はどこにあったのか。筑波山や葛城山に「高天原」と称する場所があり、そのような名称の石の標識もたっているが、もちろんそれが神々の住まいであったと思う人はいない。一体神々はどこに住んで、どんな暮らしをしていたのだろうか。それがただの高原であったなら、そこから「落ちる」ということもそれほど劇的ではないだろう。事情は中国で西王母が住んでいたという崑崙山でもおなじで、崑崙山脈というものはあるが、崑崙山はどこにもない。そこにいけば三千年に一度実るという桃の木が生えているはずだが、崑崙山脈を踏破しても、それらしいものはみあたらない。インド神話でもシヴァの后はヒマラヤに住んでいることになっているが、それをどこそこであると比定した研究はない[221]。そんな研究はあったとしても、何処の学会でも大学でも一笑にふされ、まじめには相手にされないだろう。一体神々はどこにいたのか。そしてどこから「落ちた」のかをここでつきつめなければならない。

どこから落ちたのかという問題はどこに住んで何をしていたのかという問題に関係してくるだろう。しかし、その背後にはそもそも神とは何だろうという問題があるにちがいない。多神教と一神教でもちがう。

そのような神という概念ひとつをとっても、ギリシャ、

ギリシャの最高峰オリュンポス山

エジプト、インドなどのそれと日本のそれは大きく異なっている。にもかかわらず、神話は大筋では世界中におなじようなものが分布している。差異は風土的なものだ。従来は日本神話は日本の風土に即して稲作文化などの文脈で理解されてきたが[222]、世界では小麦文化が中心だ。そのような世界神話の文脈のなかでは、たとえば神々の住まいといったことでも、世界の風土で考えると、風土的偏差というだけではすまない問題がでてくる。

たとえば神話の神々はどこに住んでいるのだろうと問う[223]。天の高み、雲の上だろうか。日本神話では、地上から矢を射ると神々の所までとどいてしまう。弓の射程はせいぜい一〇〇メートルである[224]。矢がとどいた高木の神がいたのは、地上の神々の世界からすぐそこの上空である。「天の高み」というにはあまりに近いところであり、出雲や日向や大和に直結したところである[225]。

世界の聖地

聖地というと、神々があらわれた場所で、人々がそこへ巡礼に行く場所、メッカ、ルルド、ベナレス、サンチャゴ・デ・コンポステラなどを想うが、ここでは神々の住まいのあった場所、高天原などを考える。それは山上であり、大河のほとりであり、宇宙樹の樹上であり、そして天上である。

ギリシャ

世界的にいえば神の住まいは神殿であろう。そして、ギリシャの神々はオリュンポスに住んでいたという。しかし、そこには神殿めいたものは築かれなかった。「青銅の天空が永久に確固たる御座所として存在する（ピンダロス『ネメア』）」ともいうが、そこにも神殿はない。天空に住んでいるのは天空神ウラノスで、ほかの神は天空には住もうと思っても住めなかった。オリュンポスの頂上に神殿が築けなかった以上に、天空には神殿は建てられなかった。神殿はアテネのパルテノンのように都市をみおろす丘の上の地上に築かれたが、そこにいけばいつでも女神アテナにあえたわけではない。パルテノンには女神の彫像があり、祭りのときにはその彫像に神の衣などの捧げものがされた。また、女神に願い事があるときには、やはりその彫像に祈りがささげられた。しかし彫像は女神ではなかった。彫像は女神の代理をしていたのである。アンテステリエ祭などというディオニュソスの祭りでは、神が降臨して、神殿のおくの至聖所で、祭祀王の妻としとねをともにするといわれた。[226] もちろんそれは神の嫁との象徴的な婚姻のもどきであり、ときには神の彫像を祭祀王の妻がだいて床にはいることであらわされた。あるいは、この方が多かったろうが、祭祀王が神の代理をつとめた。つまりギリシャでは、神々の神殿は地上にあって、祭りのときには神がそこに臨在するとも信じられたが、常時そこに住むわけではなく、ふだんはオリュンポスにいたのである。[227] といってもオリュンポスがギリシャの神々の住まいだったというわけにはいかない。なにしろそこには神殿も寝所もなかった。また住んでいたといっても、人間とおなじように夜は布団にくるまって寝て食事をして入浴をしてというような生活、つまり寝泊りをしていたわけではない。食事といってもアムブロシアーとネクターで、いわば霞を食べているようなものだっ

アテネのアクロポリスに建つパルテノン神殿

た。それではそこで何をしていたかというと、地上の人間の行動をみはっていて、神々が協議をして、人間の運命を決めていた。オリュンポスは神々の会議場のようなものだった。

エジプトと高天原

エジプトでは、神々の神殿がルクソール（かつてのテーベ）などに集中していて、[228] 会議をおこなうときはナイルの中州にあつまった。そのあたりは日本の高天原の天の安川の河原とも似ていた。またオシリスは冥界の王となって、地下世界に住んでいた。これも高天原を追われたスサノオが根の国にいたことを思わせる。[229] しかしその日本の高天原はどこにあったのだろうか。オリュンポスやルクソールのような具体的な土地が天にうかんでいたのか、それともそこから石段をいくつか降りると高千穂の峰だったりするような高原状の場所だったのだろうか。折口信夫は高天原は高原に住む人間たちの考えた世界であるとした。そこでは川が流れ、山があって、鉱物を採掘し、水田があって、稲

古代の首都テーベ（ルクソール）に建てられたカルナック神殿

をそだてている[230]。そのほかにそこには天の機屋[231]があり、新嘗祭のような祭りをおこなう斎場があった。天の安川を銀河であるとする説（北沢方邦『日本神話のコスモロジー』）もあるが、水田があったりするところは、雲の上ではなく、しっかりした土の上であるように思われる。そこでは地上とおなじような生活がいとなまれていた。天の安川は地上の近江の野洲川であろうという原田実の説（『もうひとつの高天原』）もなりたたなくもない。が、やはりそこは高みであり、天の安川という以上、地の野洲川と対応するとしても、それは天の高みにあったであろう[232]。それはまた、スサノオがかけのぼってゆくところであり、そのスサノオが追放されたときは、出雲の簸の川の上流に降り立つというのだから、そこは出雲のすぐ上のあたりとも想像される。いや、一書では、出雲ではなく、韓国のソシモリに降り立ったともいう[233]。あるいは、大和の香久山は高天原にある天の香久山に対応する山で、そのあたりの地上の風景は高天原にもうつしだされているともいう。播磨風土記では、枡形山の伝承として石の橋があって、天に届いていて、人々が天と往来していたという。さらに設楽の花まつりでは「伊勢の国、高天原がここならば、集まり給え四方の神々」と歌う（筑紫申真『日本の神話』[234]）。はたして、高天原はどこにあって、そこで神々はどんな生活をしていたのだろう。そしてまた地上にある神社は神々が地上を訪れるさいの御旅所のようなところなのか、それとも観念としての神が常住している聖域なのか、あるいはたんにそこで人々が天の神々に祈願をし、祭りをする場所で、神々は彫像としても存在しない観念的なものなのかということが記紀をいくら読んでもはっきりしない。

北欧

その点、はっきりしているのは北欧の神々の住まいアスガルドで、そこに神々は住んで、地上の人間とおなじような生活をし、そこに寝起きしているものとされるが[235]、それでは、そのアスガルドはどこにあるのかというと、世界樹であるユグドラシルの梢に近いほうにあるという。それでは、そのユグドラシルはどこに生えているのかというと、神話世界に生えているのであって、地上の現実世界に生えているものではなく、地上からはどこからも見ることのできない観念的な木なのだということになる。神というものが観念的なもので、その住まいもどこにもない観念的なアスガルドという神域にあるのだ。住まいがなくとも、神像があれば、神々の生活を想像することはできなくはないかもしれないが、北欧では、神像もない。物語ではアスガルドでの神々の生活が描かれるが、神像がなければ神殿もないとなると、信仰の対象とするのが難しくなる。

それにたいしてオリュンポス山は地上に存在する。ルクソールはナイルのほとりにある。その一方、ユグドラシルはどこにもない。インドの須弥山もどこにもない山である。シヴァの住まいというカイラーサはヒマラヤに現存する山だが、須弥山、あるいはスメールはどこにもない。梅原猛はいう。「須弥山とは、インドの聖なる山であって、オリンポスの山のように、永遠に神々が住まうところである。この須弥山崇拝は、仏教が中国に入るにつれて、中国人の以前から持っていた霊山崇拝と結びつく。霊山、それは、道教でいう神仙のあそぶところである」(『隠された十字架』)。「スメル山上は神々の住所である」(御手洗勝『古代中国の神々』)。それらとくらべて、高天原はどこにもないようでいて、きわめて現実感がある。天若彦が雉を射殺すると、その矢が高天原の高木の神のところへとどくのである。矢がとどくというのは二〇～三〇メートルとか、せいぜい一〇〇メートルくらいの距離である。天の高みではな

ユグドラシル
(英語版『スノッリのエッダ』〔1847 年〕挿絵)

い。地上でもたとえば三輪山の頂上（四六七メートル）まではとどかない。矢のとどいた高天原はすぐそこという感じである。オリュンポスは二九一七メートルの高峰で、矢のとどくところではないが、そこから神々はトロイの戦況をみていて、いざとなると、雲をよんで戦場へ駆け降りてくる。そしてまた、祭祀においては、アテネのパルテノンのような、あるいはオリュンポスを降りた麓のオリュンピアのゼウス神殿のようなところで、神祭りをおこなう。これは日本でもおなじで、伊勢神宮をはじめ、各地に神社があって、それぞれの神がまつられている。ただし常住はしていない[236]。エジプトでは神社ではなく、神殿で、神はそこに常住する[237]。またファラオなどが死んで神になると葬祭殿が築かれ、墓廟は別にあるが、葬祭殿では常時死者がまつられる。日本でも死者は神になるが、神社がささげられるのは秀吉、家康クラスの英傑で、誰でもが自分の神社にまつられるのではない。また、秀吉、家康でも、それぞれの神社はあるが、日光の東照宮ですら、そこに家康が住まっているわけではない。神は死ねば「神上がり」して高天原にのぼってゆくとされるが、神ならぬ武士がいかに神格化されても「神上がり」はしない。秀吉も家康も高天原に住むわけではない[238]。高天原には天の岩戸のような石門があって、そこをおしあけて、ニニギノミコトは天下ってくるし、神になった死者はやはり石門をおしあけて高天原に「神上がり」するのだと考える人もいるが[239]、そうであれば高天原は死者たちであふれてしまう[240]。そもそも天地開闢のときに天地をつくったアメノミナカヌシなどは別《こと》天津神であり、別《こと》高天原に住んでいると考える人もいる（佐藤正英）。しかし、別高天原ではなくとも、高天原自体がどこにあるのかわからない。どこかはわからないが、地上からすぐ近くの上空で、地上の様子をうつしたところで、山や川や水田がある。いわば地上によく似た別天地である。高天原地上説もあるのである[241]。また事実、鹿島神宮の近くとか[242]、筑波山など、各地に「高天原」と称する場所があるのである[243]。エジプトでは、そのような空中楼閣ではなく、地上に神々の住む神殿を建てた。ギリシャでは、各地に建てた神殿は神をまつる施設で、神々の住まいではない。神々はオリュンポスにいる。が、彫像として神々はそこ、地上の神殿にいる。神殿は居住施設ではないが、エレウシス教のようなある種の秘儀宗教ではそこに秘儀のおこなわれる奥の部屋があり、神が来臨することになっている。日本の神社は原則として神像を安置せず、鏡などをご神体としてまつるだけで、ものによっては、ご神体も背後の山になったりして、神々の臨在感は少ない。北欧やゲルマンでは神殿がめったにない。森の宗教で、森の樹木が神殿の働きをする。その点は、日本の自然信仰と似ていなくもない。ただ、日本ではいたるところに神々の神社がある。しかしこれは神々にとっては祭りのたびに臨在する場であっても常住するところではない。むしろ宮司や神官が居住する部分が神社には付属する。これはキリスト教カトリックの教会に司祭館が付属することを想わせる。カトリックの教会は司祭の住まいと祭儀の場とからなり、墓地もたいてい付属する。日本では、墓地は神社には付属しない。ギリシャでも神殿に墓地はない。

神殿と墓地

エジプトでは神殿と墓廟が併存している。ファラオは神の子であり、死後は神になるのである。しかしギリシャでは神殿と墓地はまったくちがったもので神殿は不死の神をまつり、墓地には死者を葬る。日本では神社は死の汚れをきらう。

神殿

ただ、ギリシャやエジプトの神殿と日本の神社は区別する必要があるだろう。[244] temple と shrine である。[245] 神殿は象徴的にではあれ、また神像によってであれ、神の宿るところであるのにたいして、何といっても日本の神社は居住施設ではないからだ。[246] 居住施設ではなくて、それでは何かというと、祭壇があって、そこで、祭儀を行うのである。あるいは、神々に何らかの祈願をする。神はどこにいるかわからないが、神社で祭りのときや、祈願のときに呼び出せばやってくる。公衆電話のボックスのようなもので、といっても近頃は見かけなくなったが、そこから呼び出せば、どこか遠方にいる神がやってくるのである。それはギリシャやエジプトの神殿でもおなじだが、特にエジプトでは祭式によって呼び出された神はそこにしばらくとどまって、お供え物を食べ、場合によっては、女祭司と共寝をする。

墓地

原始宗教は死者の祭祀であり、そこから宗教が発生したとするなら、墓地のない宗教施設は基本的なものが欠如した施設のようにも思われる。神になった先祖をまつるといっても名前も神像もないところでは、何をまつるのかわからない。鏡をもって神と思ってまつるようにといっても、その本尊はどこにいるのかが問題である。オリュンポスのような、神々が共同生活をいとなんでいる場所が想定されれば、神はそこにいると思うことができ、神がそこから地上の神殿に来臨すると思うことができる。神が去って、神殿が空き家になっても、神々はオリュンポスにはいるのだと考えることができる。どこであっても神がいる場所がわかればいいのである。観念的でもユグドラシルに神が住んでいるという観念も神を信仰するよりどころとなるかもしれない。北欧・ゲルマンの神々はアスガルドか、それぞれの森の奥に住んでいる[247]。ユグドラシルは森の木を集合的に観念したものだから、森へいって大木の下で、神をまつる祭儀をおこなえば、木々の上に宿る神々は満足するのである。日本の場合、自然に宿る神と高天原にいる神とは別で、木や、水や、風をまつる神社は、それぞれの神をまつる祭壇はもっているが、神像も神体もない。またそれは死者祭祀ではないから、墓地もない。あるいは田の神や年神だと神社もない。アニミスムの自然と高天原があるだけである。そもそも神々には肉体はなく、居住用施設も必要ではないのだ。自然神の場合は、木々や石のあたりに浮遊している。高天原にいるという神はどこかわからないところにいる。しかしそれでも高天原から地上にときおり降臨する神々がいる。天の浮橋から矛をおろして海面をかきまわす。あるいは、地上から高天原に神上がりする神がいる。それがどこなのかというので、高天原はどこにあるのかという問題が提起される[248]。天というからには上空にあるのだろうが、矢が届く範囲の上空である。せいぜいが鳥が飛ぶ範囲で、成層圏などではない。高天原には何があるのかというと、地上のたとえば大和盆地とおなじようなものがある。と、同時にそこから降り立つと高千穂の山になるところでもあれば、出雲の簸《ひ》の川の上流でもある。問題はその神々が死んだときである。ギリシャでは神々は不死であるというが、地獄へ落とされる神もいるし、天空の果てに追いやられる神もいる。地獄や天空の果というのは死のいいかえでしかないかもしれない。日本の場合は、地上に降りた神が死んだときは「神上がり」して高天原にやすらうことになっているが、イザナミやイザナギには、比婆山《ひばやま》とか、熊野の有馬村とかに墓所がある。あるいは御陵がつくられることもある。そこには神社はつくられないが、神はそこに永遠にやすらっている。神社には墓地はないが、死の観念は不在ではなく、神々は不死ではない。これが日本の神道の特色かもしれない。エジプトでは壮麗な葬祭殿が建てられる。

比婆山（島根県安来市）山上にあるイザナミの御陵と伝えられる塚

神々の夜と昼

アマテラスが岩屋にこもったときに、世界は真っ暗になったという。ということは、岩屋から女神が出れば、時間に関係なく、世界は明るくなるのだろうか。夜という観念はなかったのだろうか。そんなことはない。夜になれば太陽が沈んで真っ暗になる。月が出ていて、昼のように明るいこともあるが、いつもではない。また日本神話では、ツクヨミはアマテラスと仲たがいして、ともに天には住まない。ということは、アマテラスとツクヨミはそれぞれ別の世界、あるいは別の時間の天空を支配していることになる。夜はツクヨミが支配する世界である。しかし、ツクヨミが夜の世界を照らしているときは、アマテラスは、何をしているのだろう。やはり夜は神々も寝ているのではないだろうか。しかし、そこで問題になるのが、どこで寝ているのかということだ。ギリシャでは夜の女神がいて、曙の女神もいる。朝になると曙の女神が夜の帳を押しひらくのである。日本ではそのような昼夜の交代の観念と神々の観念とがリンクしていないようである。日神と月神は昼と夜を支配しているが、その両神は時間をきめて職場を交代しているわけではない。

遍在する宇宙

日本では神々は高天原に住んでいたという。しかしそれがどこにあったのかはわからず、議論のあるところである。壮大な論では銀河のほとりにそれを措定するものもある。日神も太陽であるとするなら、それは全世界、どこからでも見えるものであるはずだ。宇宙はいたるところにあり、地球はそのごく微小な部分でしかない。歴史や地理学は高天原を地上のどこかに特定しようとする。それにたいして神話学はそれを宇宙のなかに設定する。神が落ちるときも宇宙の果てから落ちるのである。

高天原

昼のあいだは、太陽がどこからでも見えるように、空はどこにでもある。その空の一角に高天原はあり、それは同時に日向の上空でもあれば筑紫でもあり、[249] 出雲の上空でもあり、大和でもあり、[250] 淡路島でもあり、あるいは常陸でもある。[251] ここには地上説も混在するが、多くは天上説である。それはたとえば朝鮮では違っていて、神々のつどう場所は太白山の神壇樹の下である。[252]

神々の住まいというと日本では神社があるというかもしれないが、伊勢神宮に典型的にみられるように、そこにまつられている神は鏡であって、女神の象徴でしかない。ただし出雲大社は大国主にとっては「住まい」だった。[253] また鹿島神宮はタケミカヅチにとってはやはり住まいだった気配がある。しかし出雲大社も鹿島神宮も、祭壇や拝殿はあるが、居住施設はない。浴室だの便所だのはないのである。[254] ただ春日大社の御祭りでは夜のあいだ姿のない神体を安置するお旅所が設けられる。[255] その他の自然神である国津神は山野の木々や岩石に宿る。天津神だけが神社へ臨在する祭りの時以外は高天原に住んで、そこから地上へ降臨し、地上からそこへ神上がりする。問題はそれがどこにあるかで、「高天原は関東にあった」などというように議論がわかれる。スサノオがかけのぼり、またそこから追放されてくる出雲の国には、タケミカヅチらも天下ってくる。高天原から派遣されてきた天若彦も出雲の大国主のいたところ(これがどこかはわからないが、大国主の宮居は出雲にあったらしい) に寝起きしていたようである。神というとつねに厳然と立って世界を睥睨しているように思うが、天若彦はねどこに寝ていた。そこへ天から返し矢が飛んできた。しかし、日本神話では出雲に神々がつどうのは神無月だけで、その他は大和、あるいは大和の上空にいるものと思われる。天の香久山が地上の香久山のコピーとして想像されるように、高天原は大和の風土を想わせるところである。しかし神武の軍が熊野へいったときは、高天原から熊野に神剣がくだされる。このときは高天原は熊野の上空にあったのである。あるいはニニギノミコトが降臨したときには高千穂の峰に降り立つ。[256] 高天原は地上の神々の動きにあわせて、天空を自在に移動しているようにも思われる。ニニギの降臨のさいに天の八衢に猿田彦がいて、ニニギの一行を日向に案内したというのが、示唆的である。高天原の下には八衢という交差点、あるいはターミナルがあって、そこから四方八方、どこへでもいけるのである。猿田彦も伊勢の五十鈴川のほとりに「住んで」いるが、[257] 日向へもどこへでもいける。あるいは高天原全体が四方八方へ移動する。地上に天をまつる神社があれば、そこに対応した天空に高天原がある。高天原は地上に神が臨在するところがあれば、その上空にやってくる。太陽がただひとつでありながら、日向でも出雲でも大和でも常陸でもどこでもおなじように照り映えているのとおなじに、天もただひとつで、[258] その一部である高天原もいたるところにあって、それは地上からすぐのところであると同時に、神話の舞台が日向へうつれば、高天原も日向の上空にうつる。そこからは矢も飛んでくるし、剣も下される。追放された神が下ってもくれば、地上での生命を終えた神が神上がりしてゆく。日本の神々の住まいである高天原はいたるところに遍在しているのである。東実《とうみのる》は『鹿島神宮』でいう。「祖神の旧地としての高天原は日本全国に、どこにでもあってよいはずである」。それは地上の風土のうつしであり、地上からほんのわずかの空中にありながら、川が流れ、水田がつくられる。そして天津神ならぬ国津神、自然神たちは、地上の森の木々や石や山や川に住む。竜宮もまた水のあるところならどこにでも、いたるところにある。[259]風の宮も風が吹くところならどこにでもあるのである。しかしなおかつ、日本の神は骨肉をそなえた存在ではなく、どこにでもいると同時にどこにもいず、その住まいはどこにもない。高天原も観念的な神々の「住まい」であって、地上の風景のコピーであっても、実際に天空に川が流れているわけではない[260]。神々もその住まいも地上の人間や風景に擬した観念であり[261]、どこにでもいるようで、どこにもいない。死んでウジがたかったイザナミだけが例外的に腐敗する肉体をもっていた。その

奈良県南部の御所《ごせ》市高天《たかま》。金剛山の麓に広がる台地上に位置する。古くは葛城といわれた地域で、そこにそびえ立つ金剛山は、古くは高天原山といわれていた。付近は天上の神々が住んだ高天原の伝承地。ほかにも高天原伝承地は各地にある

他の神々に肉体がないように、その住まいである高天原もどこにも実態はなく、と同時にそれはどこにでもあるのである。あえていえば、低空に雲がたなびいて、朝日、夕日が輝けば、そこに神々の宮居が想像されたというところであろう。問題は、久米の仙人のようにそこから落ちた神がいなかったかということだが、少彦名はまさに神々の手の指の股から落ちこぼれたのである。[262] またニギハヤヒのようにそこから降り立った神もいたのである。

常世

高天原はどこにでもあった。竜宮も水のあるところならどこにでもある。さてそれでは折口が神々の原郷といった常世はどこにあるのだろう。沖縄ならニライカナイがそれだという。しかし、アマテラスをはじめとする、タカミムスヒなどの天津神が住んでいたのは、その海のかなたとも想定される常世なのだろうか。[263] どうやらそうではなさそうである。折口によれば、死者の霊が常世で寄り集まって、無名の神霊となり、その後、それぞれの村里の近くの里山にやってきてそこに住まい、盆や正月にそこから、生者の村を訪れる。それをまれびととも来訪神とも呼ぶが、それは高天原に住まう神々とはちがって、名をもたない祖霊、それも集合霊となった神霊であろう。そして、彼らが一時住んだ常世には住居をもつことはなかった以上に、その常世はこれまたどこにでもあるあの世であって、具体的に何々県のどこそこというような場所ではなかったばかりか、海のかなたでも、また山の上でもなかったのである。

結局、日本の神々の住まいは、天地創造に参加した天津神にとっては高天原であり、それは日本の国土のいたるところの上空低いところにあり、その後生まれた国津神は自然の森や山や川に住まう自然霊で、その住まいは特定できず、村や田の神とされる集合的な祖霊は常世をへて、かつて住んだ村里の近くの山に「住まう」ものと思われる。それらの広義の神々はそれぞれの「誕生」の契機に応じて、天空に、海上に、また山上や，また自然界に「住まう」ものの、それらの「住まい」相互間には交通はなく、地理的にも特定はできない。しかしそのいずれもが「神」なのである。そのような神の遍在性と多様性は、日本神話の特徴のようにも思えるが、たとえばギリシャ神話でも、山野には自然霊としてのニンフや牧神がいるのであり[264]、あえていえば、死者が来訪神となって、人間界にやってくることはないのが彼我のちがいでもあろうが、なまはげのような風俗はヨーロッパでも、いや広く諸外国でもみとめられるのである[265]。

死の国

死の国はどこであっても普通は地の底にある。山上他界を信ずる風土でも山の上に穴を掘って、地面の下に死者を葬った。風葬、鳥葬の地域で、山上に死者を置いて、鳥に肉を食わせる場合は、死者（の魂）は鳥によって天高く運ばれてゆくだろうが、死者の国がどのように想像されていたかはわからない。それ以外は死者の国も地底に想像される。その場合は地獄も死者の国とおなじとされることが多い。天から落とされたものもルシフェールのように地の底の地獄に落ちてゆく。ただし、ギリシャでは、幸せな死者はエリュシオンの野にとどまった。地獄ははるかに深い地底の闇の国で、それにたいしてエリュシオンでは、年中、麗かに日が照って、花咲みだれている。

エジプトでは、死者の国はアム・ドゥアットという地底で、そこをへめぐっている死者はやがて、地上の光のもとに出て復活する。そこは劫罰といった観念とはちがって、光あふれる世界への再生をまつ待機の時間とみなされる。悪人は死後の魂の裁きで、再生にあたいしないとみなされると、すぐそこで、魂のはかりの下でまっているワニ犬ソベックに食べられてしまう。したがって、神々の世界から落とされたものが死者の国へ堕ちてゆくという観念はない。

北欧では戦場で倒れた戦士はヴァルキュリーに拾われて、ユグドラシルの上のほうにあるヴァルハラに迎えられる。そこで毎日仲間同士で模擬戦を行うが、けがをしても翌日には治ってしまう。そもそも彼らは死んでいるのである。これは広大な館で五〇〇の扉がついているというが、それでも定員があり、いっぱいになると締め出されるのか、それとも、古い住人と交代するのか、そのあたりはよくわからない。

日本では死者の国はスサノオが支配する根の国だろう。しかしそれは常世へ行くまでのステップのひとつで、浄化と試練の場と思われる。オオナムチがそこで、野原に放たれた鏑矢をとりにいって、火攻めにあうのはその試練のひとつであろう。そこは、根の国といっても、暗黒の国ではなく、朝になれば明るくなるところのようである。暗いのは黄泉の国だが、そこで浄化された死者は根の国へ移行して、やがて常世へ行くときが来るのをまつようである。

中国では泰山が死者たちのゆくところのようで、そこには閻魔王ほかの十王が死者を審査して、地獄での刑罰を決めている。日本でもこのような閻魔庁の思想は中国からうけついでいる。そしてもちろん、その上に仏教の教説がある。その日本仏教でも道教でも「天」の思想はあり、当然「堕ちる」こともありうるが、輪廻思想で、動物に生まれかわることを人間から、動物に「堕ちた」と考えるかどうかははっきりしない。ただ、「住まい」の観点からいえば、動物身に「住まう」とはいえるだろう。

Ⅳ 文学のなかの転落

フーベルト・ファン・エイク、ヤン・ファン・エイク
《ヘントの祭壇画》の一部「正義の判事」（167 頁参照）

人間の有為転変を物語るのが文学である。アラン＝ルネ・ルサージュの描く『ジル・ブラース物語』の主人公などは、盗賊に捕らえられてその一味になっていたかと思うと、商人になって大もうけをし、宰相の顧問にとりたてられ、その宰相が左遷されたときは連座して都を去って、田舎に逼塞し、また時がくれば、この世の春を謳歌した。権力の頂から、転落することも数度、けっしてくじけることがなかった。

あるいはバルガス＝リョサは『世界終末戦争』で、ブラジルの片田舎の反乱と鎮圧とを描いて、世界の終末とした。本当の世界終末戦争はいまだ、いかなる歴史家によっても記述されていない。が、文学にはそれがある。

一、フランス文学 I　二十世紀

フランス文学には「転落」chute のテーマが少なくない。二十世紀では、カミュの『転落』のほか、『星の王子』の墜落などがある。国としてもドイツに敗れて占領の屈辱を経験した。十八世紀には王を玉座からひきずりおろした。地にまみれた権力という思想は、転落の明日を前にした享楽への傾きをもっていた。

アナトール・フランス『天使の反逆』一九一四年刊

「パリには天使が降ってくる」。反逆天使たちが続々と落ちてくる。彼らはフランスで楽師になったり、印刷工になったりしながら、反軍国主義の宣伝をしたりしている。彼らが天のエルサレムを攻めるときがきた。戦況は芳しくなかったが、彼らは叫んだ。「天国の屈従より、地獄の自由のほうがましだ」。しかし結局彼らは敗北し、「奈落へととびこんだ」。そして、「憎しみと怒りを呼吸する恐ろしい存在」になった。主人公モーリスの守護天使アルカードも彼らの反逆を指導する立場だった。「天を支配するものと戦って、これを倒し、その代わりにサタンを立てる」のが彼の使命である。しかし人間の姿になっていた天使たちにはもはや飛ぶことはできなかった。それでも彼らの帰天を天国に残っていた元の同胞たちが助けた。サタンの軍勢は天の都にはいった。とそこで、サタンはめざめた。彼の勝利は夢でしかなかった。彼は言った。「我々が敗れたのは、勝利は『精神』にあり、攻め破るべきイアルダボードは我々の内にあり、ただ我々のうちのみにあることを悟らなかったからだ」。イアルダボードとは、彼らの言う、ヤーヴェだった。『神々は渇く』ほかのノーベル賞作家による反未来小説。

落ちる天使たち
(『天使の反逆』1951 年版挿絵　ヴァン・ドンゲン画)

サン＝テグジュペリ『星の王子さま』一九四三年刊

星の王子は小さな星に住んでいた。星は住まいであると同時に地球とおなじにそれだけでひとつの世界だった。そこに住んでいられなくなった王子は渡り鳥につかまって、地上にやってくる。どうして住んでいられなくなったのかといえば、一本だけ咲きだしたバラのコケットリーに翻弄されたからである。[266] 動機はともかく、王子は自己流謫をえらんだ。ついたところは砂漠である。落ちたところはといってもいい。そこにはすでにもうひとり落ちた人間がいた。飛行機がこわれて不時着をした飛行機乗りである。この場合は不時着であって墜落ではなかったが、そのまま助けがこなければ、飢えと渇きに死んでいただろう。あるいはすでに死んでいたのかもしれない。その場合には星の王子との出会いは、死後の幻覚であったかもしれない。[267] 王子も地上に落ちて死んでいたのである。[268] 王子は最後は蛇にかまれて昇天する。二度死んだのである。その前に「命の水」をみつけている。しかしその水面にうつってきらきらと輝いていた星が、彼に行くべきところをさししめしていた。蛇にかまれた王子の魂は星へ向かって墜落する。星への墜落というのがこの作者の固定観念だった。星だって地球と同じような天体であり、そこには重力がはたらくなら、そこへの旅は上昇ではなく墜落なのだ。そうやって落ちた先がどこであったかはしらない。彼のバラがまっている故郷の星である可能性は少ない。天には無数の星がきらめいている。星へ向かって墜落してゆく彼のコースは偶然に左右される。そこも地球と同じ砂漠かもしれない。万一うまく彼の星にたどりついたとしても、そこにはバオバブがびっしりと生えていて、彼の住むところはなかったかもしれない。そこに住んでいたころは毎日、バオバブの芽をつみとっていたのである。それをちょっとなまけると星はバオバブだらけになっていた。彼が地球にいっていたあいだ、誰も彼の星の世話をしなかったのだから、どうなっていたかはいうまでもない。バラだって、水をやらずに放置していたあいだに枯れてしまっていたのではないだろうか。空に帰るべき星があるということはいいことだが、山の別荘などでもおなじことで、ちょっと行かずにいると、雑草がおいしげって、家へ入ることもできなくなっている。管理人が常駐していて、草刈などをしてくれているところならいいのだが、星の王子のところにはそのような別荘管理システムはなかっただろう。

ゆっくりと、一本の木がたおれるように、
王子さまはたおれた

ジャン=ポール・サルトル『悪魔と神』一九五一年刊

さんざん極悪非道なことをやっていたゲッツは女の愛に

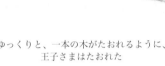

よって領地を解放し、善をなそうとするが、その「徳政」は地方一帯の農民一揆を誘発しただけで、解放農民は一揆の群れによって皆殺しになる。悪をなしても何にもならず、善をなしてもそれ以上になんにもならない現状を前にして、ゲッツは神の存在を疑うが、最後にはその神を殺して、農民軍の指揮者になる。神を殺したゲッツは悪魔に他ならないが、神が不在である以上に悪魔も不在だった。ゲッツの存在証明は殺戮のなかにしかないのだろうか。

アルベール・カミュ『転落』一九五六年刊

クラマンスはパリで弁護士をしていた。ある時、セーヌの橋を渡って、女が身投げをした現場にとおりかかった。テクストでは明示していないが、黒い服を着て、川面をみつめていた女と、そのあと、橋を渡りきったときに聞こえた誰かが水に落ちた音、そしてそのときの叫び声は女が身投げをしたことをあきらかにしている。その水音と叫び声を聞いて、クラマンスは一瞬、どうしようかとためらったが、結局、何も聞かなかったことにして、家に帰った。そ

フーベルト・ファン・エイク、ヤン・ファン・エイク《ヘントの祭壇画》1432 年
ヘント、シント・バーフ大聖堂

の後、セーヌのほとりを歩くたびに、川面から、笑い声が聞こえる。落ちた女の叫び声ではなく、水の精の笑い声でもあろうか。身投げ女のすぐ近くにいながらなにもしなかった彼の心の弱さをあざわらうような声である。それがなんどもくりかえされているうちに、彼は弁護士稼業をつづけることができなくなって、パリを逃げ出し、アムステルダムに流れてくる。そして港のちかくの飲み屋にたむろして、パリからの旅行者をみかけてはあやしげな取引をする。アムステルダムでも弁護士をしていた可能性はない。パリの弁護士はフランス以外では弁護士をやる資格はないからだ。ある時彼は、一枚の絵を見せる。ヘントの祭壇画の一部で、そのパネルだけはずして盗まれたものである。神の子羊が首をきられて血をながしているのを天使や人々がみまもっている場面で、画面の左下のほうに「正義の判事」[269]が描かれたパネルがある。この祭壇画の注文主に関係した画像かもしれないが、正しい裁きをする判事として、法曹界の見本ともいわれた人物なのだろうか。あるいは聖書にでてくる人物だろうか。現在は盗まれたままで、複製画がそこにはめられている。

クラマンスの話を聞いていて、その絵を見せられた聞き手はもちろんその絵に関心をしめす。ここもそのように明示はされないが、それまで、何日もクラマンスの回顧談を聞いていた聞き手にとって、その絵は見なかったことにはできない何ものかにちがいない。貴重な文化財の盗難にかかわった人物がそこにいる。「正義の判事」としては、クラマンスを告発して司法にゆだねるべきだろう。そうするだろうか。それともセーヌへ身投げした女を見殺しにしたクラマンスとおなじように、知らぬ顔をして立ち去ってゆくだろうか。この「パリの弁護士」はもちろん第二のクラマンスである。彼も人間として、あるいは司法官として、やらなければならないことをせずに知らぬ顔をして立ち去り、後々、悔恨に苦しめられるのではないだろうか[270]。

二、フランス文学 II　十九世紀以前

十九世紀以前のフランス文学でも「転落」のテーマは創

作の原動力として機能していた。宿命の女に引きずられて、社会の階梯の中で、どん底まで落ちてゆく男、人生の階梯のなかで、ちょっとした踏み外しをしたために落ちた人間たち、上り詰めた後は転落しかないという野心家の墜落、それはたとえばバルザックにも描かれる。

エミール・ゾラ『居酒屋』一八七七年刊

ジェルヴェーズはエティエンヌと一緒に田舎からパリに出てきた。しかし、エティエンヌは間もなく、ジェルヴェーズを捨てて家を出てゆく。そのあとブリキ屋のクーポーがやってくる。はじめはふたりはうまくいっていた。しかし、クーポーは仕事場の屋根から落ちると、仕事をしなくなり、酒浸りになる。ジェルヴェーズは一文無しになり、物乞いをするが、追い払われ、往来の男の袖を引くが相手にされず、そのうちクーポーは酒のせいで精神に異常をきたし、精神病院で狂い死にする。ジェルヴェーズも後を追うように、貧窮のどん底で死ぬ。クーポーの最後については、「最後の転落が目に見えるようだった」と作者は言う。女についても「そこまで落ちぶれれば、女としての誇りなどは全部なくなってしまう」。「落ちるところまで落ちた」と作者はつきはなす。男は屋根から落ちたことが転落の始まりであり、失意を慰める酒がその転落に追い打ちをかけた。女については「どん底の赤貧から、その腐った生活の不潔と疲労から死んだのだった」といわれる。残された娘ナナについては、『ナナ』に語られるが、パリの街をさまよう娼婦あるいは女優としてたくましく生きてゆく。彼女はそれ以上落ちるところのないどん底から這い上がるのである。

エドガー・ドガ《アブサン》
1876 年　パリ、オルセー美術館
アブサンのグラスを前にして、生活に疲れた男女が希望のない時間をつぶしている

しかし彼女も上り詰めればやがて落ちるしかなかった。人気の絶頂で身辺を整理し、姿を消した。トルコへ行ったとも、ロシアで姿を見かけたともいわれた。それからしばらくしてパリへもどってきたが、それは死ぬためだった。最後は天然痘にかかって、血と膿のかたまりになって死んだ。

アベ・プレヴォ『マノン・レスコー』一七三一年刊

シュヴァリエ・デ・グリューはアミアンの街角で馬車をおりるマノンを見て、一目で激しい恋に落ちた。運命の雷撃である。以後彼はマノンのために財産を蕩尽し、地位を追われ、転落に転落を重ねて、マノンを追ってアメリカの砂漠までゆく。フランス文学ではカルメン、椿姫など男を破滅させる宿命の女は数知れない[271]。歴史のなかにも淫婦、毒婦、悍婦が続出する。ギリシャ神話もフランスで生まれたなら、女たらしのゼウスなど真っ先に、宿命の女によって、鼻ずらをひきまわされ、愚弄されて、最後は捨てられていただろう。

デ・グリューとマノンの出会い
(『マノン・レスコー』1753 年版挿絵)

オノレ・ド・バルザック『幻滅』一八四三年刊

文学で名をあげることを夢見るアングーレームの青年リュシアンはバルジュトン夫人と浮名を流し、スキャンダルをのがれるために夫人とともにパリに走り、社交界にもぐりこむ。しかし社交界では田舎出の青年は相手にされない。パルジュトン夫人にも捨てられる。手っ取り早い成功をつかもうとジャーナリスムに身を投じて、政治的節操もあらばこそ雑文を書き流しながら、若手女優のコラリーを世に出そうとするが、コラリーのデビューは失敗し、女優は失意のうちに病死する。リュシアンも夢破れて故郷へ帰るが、妹夫婦の印刷所がリュシアンの振り出した手形のせいで破綻し、リュシアンは絶望して自殺をはかる。そこに謎のカルロス神父があらわれ、印刷所の負債を帳消しにし、リュシアンの自殺を思いとどまらせる。そのあとは『浮かれ女盛衰記』に続くが、カルロス神父にあやつられて、虚名を追い求めるリュシアンは「数時間で社会的権勢の絶頂から地下牢の奥底に転落した」あげく、拘置所で、首をつる。一時はジャーナリスムを手玉にとって得意の絶頂にいたリュシアンだが、一歩足をふみはずして失意のどん底に落ちこんで、首をつることになった。とんとん拍子でのぼりつめていた出世街道もなんでもない失敗で、失墜する。「そうなると一時になにもかもがうまくいかなくなり、あちらでもこちらでも糸が切れもつれ合う。不運があらゆるところに姿をあらわす。人間がこうした精神的な混乱状態の中で冷静を失ったらもうおしまいだ」。

三、日本文学

おごれる平家の転落を物語る『平家物語』、戦後世代の「堕落」を論じた安吾の『堕落論』、村上春樹の『世界の終わりとハードボイルド・ワンダーランド』など、本書のテーマに沿った作品は日本でも少なくない。

『竹取物語』

かぐや姫は月の都に住む貴人である。しかし、月からの使いがいうには「罪を作りたまへりければ、かく卑しきおのれがもとに、しばしおはしつるなり。罪の限り果てぬれば、かく迎ふるを……」という。いかなる罪かはあきらかにされないが、罪を犯したので、期限を決めて、地上に流されたのである。[272] 天界における罪とはいかなるものかといえば、窃盗、讒言、虚言などといった、地上の罪ではなく、天人にとって唯一可能な罪、すなわち愛してはならぬものを愛した罪であろう。[273] であればこそ、姫は地上の貴人たちの申し出に耳もかたむけないのである。もはや愛してはならないのである。貴人たちの申し出には不可能な難題を課して追い払う。そのうち一人は燕の巣のなかの子安貝をとろうとして地に落ちて腰をうつ。ほかの貴人たちも試練に失敗して失墜する。

　かぐや姫自身、地上に流されたときには天から落とされ、三寸の身に縮められて竹の節のなかに降誕したのである。[274]月に帰るときには飛び車が迎えにくる。似た話に御伽草子の『梵天国』がある。梵天国の姫君と結ばれた中納言は、姫君をねらうはくもん王に姫をさらわれるが、艱難辛苦の果てに姫をとりもどして二千里の飛び車で逃れる。はくもん王は三千里車で追いかける。あわやというところへ、天の迦陵頻伽《かりょうびんが》がかけつけて、はくもん王を奈落の底へけり落とす。

梶井基次郎『Kの昇天』一九三一年刊

　ある満月の夜、海岸で自分の影を一心にみつめている青年と出会う。影のなかに自分の姿が見えてくる。ドッペルゲンゲルとそれを言う。じっとそれを見つめていると、影のなかに自分の人格が入り込んでゆく。そして意識は月にすいよせられるように、昇ってゆく。しかし月まで昇りつめることはできない。「何べんやっても落っこちる」。そこで青年はジュール・ラフォルグの詩を引用する。「哀れなるかな、イカロスが幾人も来ては落っこちる」。青年の精神は病とともに鋭くとがってくる。そしてついに次の満月の夜、青年の「魂は月光の流れに逆らいながら徐々に月のほうへ昇って」ゆき、「無意識な歩みは一歩一歩海へ近づいてゆく」。青年はそれを「墜落」と呼んでいた。青年の身体は波にただよっていた。

宗谷真爾『虐殺された神』一九八一年刊

　モンセギュール城にこもったカタリ派の人々と同じく、島原の春の城にこもったキリシタンも全員惨殺された。この作品では、島原の反徒をまとめていた四郎はどこから流れてきたかわからない聾唖の少年だった。彼を殺して、偽の四郎になりかわっていたのは腰元の少女菊だった。籠城の最後の日、偽の四郎にいいなづけの菊をみいだした青年は刀を抜いて、菊に切りかかる。その瞬間、銃声が響き渡って、菊がたおれた。反徒たちの象徴である四郎の素性があかされることをさけようとした籠城軍の首謀者が撃った銃弾だった。翌日、城は落ち、そこに集結した三万四千のキリシタンは全員切り殺された。彼らを救うべき神はすでにいなかったのだ。メシアの再来と信じられた四郎は聾唖の傀儡で、彼を殺して四郎になりかわっていた菊は周期的な錯乱のなかにきく召命の幻聴におどらされていた精神異常者だった。彼ら神の身代わり、いや、狂信的な信者にとっては神そのものは、籠城戦のさなかに虐殺されていた。「神の沈黙」ではなく、「不在の神」「虐殺された神」が、信者たちの虐殺を準備していた。

沢木耕太郎『イルカと墜落』二〇〇二年刊

ルポライターの体験記である。ブラジルの未開地域のルポをしにゆく。九月十一日トロント経由でブラジルへゆく。ところがトロントについてみると、乗継便がすべてキャンセルされている。九・一一のおかげである。それでもなんとか、飛行機をさがして、ブラジルまでゆく。そして奥地へゆくセスナ機に乗り込んだ。そこまではよかったが、そのセスナ機がエンジントラブルをおこして、密林のなかの農場に不時着した。というより墜落したのだ。乗員乗客は全員無事だったが、それから救急車で、病院へ搬送され、なんとか動けるようになる。九・一一にくらべれば、なんでもない事故である。「イルカ」のところでは同じく飛行機事故で死んだ向田邦子の思い出も語られる。ルポライターだから、世界を飛び回るのが商売で、危険な目にも何度も遭遇しているだろう。この時は無事でよかった。

四、SF

SFらしくないSFに『世界の終わりの天文台』がある。『世界の終わりの七日間』などもあるが、いささかありそうにない未来をのぞく作品を三つ拾ってみた。

ロバート・シェリフ『ついらくした月』一九三九年刊

月女神セレネは羊飼いエンディミヨンに恋して、彼に永遠の眠りを送り、夜ごと、月から降りてきては、恋人の顔を眺めてあかなかった。一方、地上の人間たちも、月を眺めて、千々に物思いし、月の盈虚にあわせて生活をしていた。その月の動きに異変がおきた。月が地球に近づいてきたのである。

月がぐんぐん大きくなってきて、ついに太平洋の真ん中に落ちた。世界中に大洪水が襲い、大西洋は逆に干上がって陸地になってしまった。山の中に掘った避難所も水没した。かろうじて生き残った数人が村の生活をつづけていこうとするが、月のなかに埋蔵されている鉱物資源をめぐって、大国間の戦争がはじまり、わずかな生き残りも戦線へかりだされる。一九三九年の作である。邦訳はジュニア向けのダイジェスト版（白木茂訳、岩崎書店）。

ウイル・マッキントッシュ『落下世界』二〇一六年刊

ある日目がさめると世界の様子がかわっている。彼がいるのは空中に浮かんだ小さな島で、それまでの記憶もすっかり消えている。リュックの中にパラシュートが入っていたのでそれを使って、塔から飛び降りてみる。すると風が吹き上げてきて、島＝世界の外へふき流される。そうやって二日落下して別の島＝世界につく。どこからやってきたのかと問い詰められて、空からというが信じてもらえない。そこへ隣の町から攻撃され、必死になって逃れ、世界の果ての崖から落ちて、第三の世界に到着する。その間、地球の研究所では彼がはじめた生物のダブルをつくる実験がつづけられている。落ちた男がへめぐる世界では、いたる処で、彼のダブルに出会う。彼の昔の恋人も複数になっている。

複製製造機は最初に作動させたときにはうまくいかず、イザベルの身体は機械にすいこまれてそれきりになってしまう。イザベルの夫がその報復のために主人公の命をねらう。その個人的怨恨は世界中の人間の、記憶を消し去るウイルスを放散する人類壊滅計画に発展する。主人公はなんども落下を続けながら、最後は究極の目標に着地する。

シルヴァン・ヌーヴェル『巨神降臨』二〇一八年刊

宇宙船の到着、あるいは帰還は、大気圏内の降下あるいは落下であり、それに乗ってきた異星人は神、あるいは鬼神である。この作品でもエッサット・エックトという星からやってきた巨大ロボットは、まさに神だった。ヴィンセントたちはそのロボットのひとつに乗り込んで、彼らの星に拉致されて、九年目に地球へもどってくる。地球はアメリカとロシアがそれぞれの同盟国をひきいながら戦争をしている。神にもひとしい巨大なロボットを操縦するヴィンセントたちにその戦争を終結させることができるだろうか。

五、世界の文学

本書のテーマに沿った作品はアフリカでもインドでもロシアでも中国でも、あるいはラテンアメリカでもいくらでもあるだろうが、ここではとりあえず、チェコのチャペック、イギリスのタニス・リー、オーストリアのネストリンガー、イタリアのパヴェーゼほかにとどめた。最後に「転落」をあつかった高橋和己の『悲の器』とネルヴァルの『オーレリア』を「象牙の塔」におさめて本書のまとめとした。

カレル・チャペック『流れ星』一九三四年刊

あらしの中へ飛び立った軽飛行機が墜落した。パイロットは即死、ただ一人の乗客が病院へ収容されたが、意識を失い死線をさまよっている。持ち物には人物を特定できるようなものはなにもない。そこで、同じ病院に収容されている患者の「千里眼」と、そこへやってきた詩人とがそれぞれ、その患者Xの人生を想像する。キーワードは「墜落」である。千里眼によれば、Xは似ても似つかない二つの世界の間で、足を踏み外し、「虚空の中を墜落する」「そこには自分の落下を測定する手がかりもない」「人間が落下しているときに、星々もまた一緒に落下している」[275]。詩人にとってXはカリブ海諸国を放浪しながら、一攫千金の夢を追って、どんどん落ちぶれてゆく山師である。「人間、いったん、落ち目になったら、もうおしまいさ。止まろうたってもうとまりゃしない」。そこには三つの墜落がある。一つは飛行機の墜落で、生存者は間もなく死ぬ。二つ目は夢と現実の境での墜落で、現実が分からなくなった人間の悲劇である。三つめはサトウキビなどの投機で失敗した山師の転落で、その三つがからみあっている。人は皆、人生を流れ星のように墜落してゆく。その合間に幸せの幻を見たり、死を直視したりする。が、いずれはみな死んでゆく。

タニス・リー『黄の殺意』（『堕ちたる者の書』〔一九八八年〕所収）

ジュアニーヌは畑で義理の父に凌辱され、家を出る。都へ出て、とある修道院で拾われたが、サタンの手下とおぼしき小人にさそわれて男装をし、盗賊団の一味となる。夜中は彼らとともに押し込み強盗をし、夜明けに修道院へもどってそしらぬ顔をして雑用尼の仕事をしている。そんな彼女をステンドグラスに描かれた炎の天使が見守っている。ルシフェールのもとにはせ参じたエズラエルだ。ある日、都に黒死病が襲いかかる。偽修道女は献身的に病人たちの看護をする。そして夜、聖堂の中で、サタンをあがめるミサにあずかる。合言葉は「神は私を打ったが、サタンは立たせ給うた」。

クリスティーネ・ネストリンガー『空からおちてきた王子』一九九〇年刊

王と女王がただひとりの息子を取り合っている間に、王子は川に落ちて流されてゆく。ついたのは青い大きな鳥の国で、白いドレスの女の子が王子を助けてくれるが、女の子は青い大きな鳥を呼んで鳥の国にまた連れていってもらう。王子は悪者にさらわれるが、その悪者の家に住みついているハムスターに助けられる。そして、ハムスターは彼を空飛ぶ枕に乗せてくれる。王子は空飛ぶ枕に乗って、鳥の老人の家まで飛んでゆく。そこには口を利く木が生えていて、彼に両親と再会をさせてくれる。木の導きで、王子の両親は仲直りし、王子は木のてっぺんから滑り降りて、両親にだきつく。空から落ちてきた王子である。

チェーザレ・パヴェーゼ『流刑』（『鶏が鳴くまえに』〔一九四九年〕所収）

ステファーノは反ファシスト運動の嫌疑で逮捕され、北イタリアの海岸の村に流される。[276] そこに一年ほどいたあいだ、村の雑貨屋の女と関係をもち、夏のあいだは毎日水浴をし、夕方はカフェで酒を飲み、村人たちと歓談して過ごした。日本でも八丈島などでは、流人と「水汲み女」と称する土地の女たちとの関係を黙認されていたが、ステファーノの扱いも同じだった。ただ、村の外へ出ることはゆるされなかったし、村のなかでも夜は外出を禁じられていた。

フランツ・カフカ『流刑地にて』一九一九年刊

ここには流刑に処せられたものの悲しみや絶望は描かれない。そのかわりに、掟を破った流刑者を処刑する奇妙な機械装置があり、ボタンをおすと馬鍬が降りてきて、囚人の皮膚に判決をきざみつけ、最後は穴の中にほうりこむようになっている。語り手は、流刑地を見にきた旅行者で、その装置を自慢げに紹介する将校が、最後は自らその装置の餌食になって死ぬさまが描かれる。流刑地という非人間性の極致における、非人間性においてその上をゆく処刑機械の操作をする処刑人が、その装置の犠牲になるのは、旅行者という他者の目にその非人間性があきらかになっていることを悟って、それまで彼をささえていた職務の誇りが裏返しになってしまったことの結果であった。

ヨハネス・ヴィルヘルム・イェンセン『王の没落』一九〇一年刊

スウェーデンを征服したデンマークのクリスチャン二世の転落がはじまる。「空に投げ上げた石が頭に落ちてきた」。彼の膨大な事業は「破綻しくずれ落ちていた」。最後のあがきで、島と島のあいだをいったりきたりして外交交渉をつづけようとしていた。そこは「冥界の川の渡し守カロンが渡る海峡になった」。それとともに主人公の気力もさり、彼の敵も、彼の係累もみな死んだ。「何もかもが時とともに消え去ってしまい、何も残されていない」。

「時」が勝利をおさめるのだ。

ジャン・レイ『マルペルチュイ』一九四三年刊

エーゲ海のどこかの島に逼塞していたオリュンポスの神々の生き残りを捕獲してマルペルチュイの館に住まわせていた話である。その神々の中のナタリーは昔はゴルゴン三姉妹のひとりエウリュアレだった。メデューサとおなじく、彼女に見られれば石になるのである。主人公の青年はこのナタリーに惚れて、最後は彼女に見つめられて石になってしまった。ジャン・レーは二十世紀ベルギーの作家。

象牙の塔

象牙の塔にこもる学者がふとしたことから、いたずら女の色香にまよって、本務をおろそかにし、授業をなげうって一緒に温泉旅行をしたり、女を研究室に引き込んで、性戯にふけったりして、それが公のものになって、辞職をやむなくされるとか、極端な場合にはその象牙の塔から、身投げをしてスキャンダルに清算をするなどという話もなくはない。が、たいていは象牙の塔があらわす大学の自己防衛システムによってうやむやにされる。高橋和己の『悲の器』は、それとは違った展開をするが、「上り詰めた人間はいずれ堕ちてゆく」というテーマによる大学教授の悲劇である。思わぬことから新聞に家政婦とのスキャンダルを書き立てられる主人公は、象牙の塔からおちる感覚をもつ。象牙の塔というのはどこからでた言い方か不明だが[277]、大学の研究室というのはその気になれば何でもできる密室で、それが高層建築になったのが研究棟で、大学によっては腐敗の象徴でもある。象牙といえば、「象牙の門」という言い方があり、象牙の門から出てくる夢は偽りの夢で、角の門から出てくるものは正夢だという。象牙の塔の研究はろくでもないものばかりである。象牙と角の違いは明らかで、象牙のほうが虚栄の市では高価である。銀の門と金の門とでもいえばもっと明瞭だろう。偽りの外見を飾った夢と、実質的な通用門から出てくる夢の違いである。問題は翻訳で、フランス語では porte で、これは門でもあれば扉でもある。窓でもおなじで、窓を開けるというのは、引き違い戸にしろ、回転式あるいは観音開きにしろ、開閉部分を開けるということで、門でいえば門扉である。門のほうは英語だとはっきりしていて、gate と door の違いである。象牙にしても角にしても、門構えを作るには適していないし、門扉であればなお、不適当である。開くといえば扉で、門柱ではないが、英語で gate といえば、窓とおなじく、門構えと同時に、門扉もさすことがある。室内のドアは門構えを持たず、扉だけである。その場合、象牙や角の扉というと、どんな構造になっているのだろうと思う。ガラスの扉はある。象牙の浮彫を施した扉もある。獅子の門といえば、門扉に獅子の浮彫があるものを想像する。象牙にしろ、角にしろ、それらの門から出てくるということは、扉を開けて出てくるので、鳥居のように年中開いた門から出てくるわけではない。であれば、これは扉でも門でもどちらでもいいことになる。ネルヴァル『オーレリア』の語り手は象牙の扉を開けて出てきた偽りの夢に翻弄されていたが、最後は、その象牙の扉から虚空に墜落するのである。いったん治りかけた狂気の再発である。象牙の塔はただ難解な詩をもてあそぶ高踏詩人のアトリエではなく、狂気に襲われた詩人の独房だった。そこに開いた扉をあけて、女神のいざなうまま、足を踏み出した先は、奈落の底だった。タロットカードの「塔」のように。

タロットカードの「塔」（1909 年）

象牙の塔についてさらに考えてみる。象牙を彫ったミニチュアの塔はありうるが、そこに住まうものとしては、象牙でできた塔というのは考えられない。象牙の彫刻で飾られた塔であろう。そんなところにこもっているといい詩作ができるのかどうかしらないが、これは詩だけではなく、アカデミスムについてもいうわけで、もとはサント＝ブーブで対象はヴィニーだった。その場合は学問の世界ではなく、詩の世界である。マラルメの詩が難解だというのに対して、ヴィニーの詩はむしろわかりやすい。そのどこをもって、「象牙の塔」といったのかわからない。そこから転じて象牙の塔にこもる学者をさす場合には、世俗を離れた学問の世界にとじこもることをさすのだろうが、象牙のシンボリズムはどこかへいってしまっている。なお、象牙は美しい女の首などを形容する表現として「雅歌」につかわれている。しかし象牙の塔も象牙の門も塔や門の材質をいうのではなく、象徴的なエンブレムだろう。「象牙の（彫刻）で飾られた」門や塔であろう。門は門柱と門扉をふくんだもので、獅子のとか、鳳凰の、あるいは月桂冠の門という時と同じような修辞であると理解したい。塔の場合も、象のテラスなどという時と同じで、宝玉の塔などといっても同じだろう。宝玉でできているのではなく、宝玉をちりばめたという意味である。スキャンダルによって、この象牙の塔から落ちたものは少なくない。『悲の器』の主人公はまさにそのひとりだった。『オーレリア』の主人公は、象牙の扉を開けて、塔から落ちた。

おわりに

天の涯に追放されたもの、あるいは天から落ちたものは神だけではない。反逆天使も落ちたし、来迎《らいごう》の真似をした天狗も落ちる。神の領域に近づいたイカロスも落ちた。オリンピックの金メダリストもドーピング検査で陽性となって、メダルを剥奪される。ツール・ド・フランス七連勝の覇者もドーピングが発覚し、連盟から追放された。彼らは失墜した王者だった。「堕ちた神」としては「軍神」山本五十六もいるが、撃墜された英雄は彼だけではない[278]。ここでは一般の航空機事故も割愛したが、一九八五年に起きた乗客乗員五〇〇名超の大惨事も記憶されているだろう。庶民では『居酒屋』のクーポーも屋根から落ちた。専制君主も追放されるか、暗殺されるかする。「落ちる」といっても流刑も殺害もあるのである。卑小な例では、試験に落第して学業を中断するものもいる。入学時に高い点をとっていたものほど、理想と現実のギャップに耐え切れず、途中で落ちてゆく例が少なくない。高い位置にのぼったものはいずれ落ちなければならない。落ちることが人の世の定めであるのと同じように、神の世界でも至高神の失墜があるし、神の子が地上にくだされることもある。落ちることは、流されることや、殺されることと同義であるにもかかわらず、神の栄光を語る神話はあえて、神の失墜をあからさまには語らない。神は無謬で万能であるという神話が実は神の踏み外しと転落の可能性を暗示しているのである。無謬の神の神話のあとには、落ちた神、零落した神の神話がくる。無為の沈黙した神である。信仰のとだえた神。「マルペルチュイ館」に逼塞する神々。かつての栄光の思い出を糧に生きる敗残の神々。人々はこの神々に祈ることも忘れた。

　スサノオが流された根の国はさみしい流刑地である。オリュンポスも神々の権力争いの修羅の場になる。ハイネは民俗の神を「流刑の神」と表現した。戸井田道三によれば、狂言には「落魄した神」がかくれているという。人はみな落ちることをカミュの『転落』は告げている。『神仙伝』には、仙薬を手に入れた仙人があえて、天界飛翔を選ばず、仙薬を半分だけ服用して不死をえて満足した例がいくつか語られる。天を飛べば落ちる危険がある。君子危うきに近寄らず、である。危ない飛翔をするより、何もせずに不死の域にとどまるにこしたことはない。ただその場合は、無為の退屈をおそれなければならない。人魚の肉を食べて不死の身となった八百比丘尼《やおびくに》は、ひたすら死を願った。一千年紀を何事もなく過ぎ、二千年紀も無為にすごしたキリスト教会は最後の三千年紀にはいって、アポカリプス以外にまつものはない。同様に、人々から忘れられて三千年余の長寿をたもつゼウスもそろそろ世代交代をまっているのではないだろうか。色事に明け暮れた彼の時代は終わっている。そのときは火の盗人プロメテウスも原子の火とともに再度縛につかねばならないだろう。ゼウス後はディオニュソスの世界だともいう。二度死んで生き返った植物霊の神、エコロジーの神とマフソリ[279]がいう反逆神だろうか。この世がどこへゆくのかわからない。地球世界は滅亡するのかもしれない。落ちた神だけが、その行く末を知っている。ディオニュソスに呼びかける言葉はエヴォイ[280]！

＊＊＊

本書は二〇二二年の書下ろしだが、「神々の住まい」の章は『神話研究の最先端』（笠間書院、二〇二二年）に収めた同題の論文を書きあらためたものである。また図版は八坂書房編集部の三宅郁子さんに探していただいたものを採用したものが多い。三宅さんに御礼申し上げる。

二〇二三年 三月

篠田知和基

註記

01 クロノスは天空神ウラノスを追放した。ウラノスは生成の神パーネスについで世界の統率者となっていた。パーネスはカオスから生まれた。ゼウスはそれら四代の統率者につぐもので、その次の六代目の神にとってかわられることになっている。なお、ゼウスはヘラクレスの誕生をめぐって、彼に不利になる策謀をこらしたという廉で長女アテを天界から追放した。また彼はデーメテールと通じたイアシオンを雷撃して殺した。

02 アポロンはニオベの一家を皆殺しにしたように残虐な殺し屋である。太陽神として明るい理性の神とされることが多いが、実態は「ナイフを手にしたアポロン」（ドゥティエンヌ）というように、殺戮を好み、また、神託の神だが、往々にして不条理な復讐をそそのかしたりする神であり、ゼウスの追いおとしに、これは成功しなかったが、主要な働きをする神でもあった。

03 神仙伝壺公の段に仙人がいわく、「昔、天曹に処れり。公事に勤めざるをもって責められ、因りて人間に謫せらるる」。神霊、仙人でも罪を犯して地上に流されるものがあるのである。

04 ヘラクレスはゼウスの子として生まれながら、ゼウスの后ヘラに憎まれ、数々の試練を課され、狂気におとされて、妻と子供たちを殺し、最後は妻に送られたネッソスの呪いのこもった衣をまとって肉を焼かれ、その苦しみをのがれるために、みずから火刑台を築いて、炎のなかに身を滅ぼした。その生涯は苦難と汚辱と罪に彩られていた。その不運の因を成したのが、先に触れたアテである。

05 正教会では、天使が「おちるとなると、この世をさらにつきぬけて底なしにおちつづける」という（高橋保行）。

06 『反逆』には描かれなかったが、一時秀吉の寵をほしいままにした千利休も勘気を蒙って死を命じられた。

07 サタンの墜落について『失楽園』ではつぎのように描かれる。「このものを、いと高く浄き空から真っ逆さまに落としたまうたのであった。彼はすさまじい勢いで炎々と燃えさかる炎に包まれて、奈落の底へ、底知れぬ地獄へと墜落していった」。

08 親にうとまれて捨てられた神としては我が国のヒルコもいる。足腰が立たないので、葦舟にのせて捨てられるのである。このヒルコはのちに恵比寿となって、漁師たちの間で崇敬される。

09 クロノスは子供によって位を追われるという予言を信じて、レアとのあいだに生まれる子供たちを次々に呑み込んでいった。レアはそれを憤って、最後の子供のときに赤子と偽って、石をむつきにくるんだものをクロノスに呑み込ませ、本当の子供のほうはクレタの山中の洞穴に隠して、ニンフたちにそだてさせた。乳はヤギのアマルティアが飲ませた。これがゼウスである。神々の成長ははやい。あっというまに大人になり、メティスと結婚し、そのメティスの知恵によってクロノスに薬を飲ませて、彼が呑み込んでいた子供たちを吐き出させた。それが、ヘラ以下のオリュンポス神族の中心になる。このオリュンポス神族が父親のクロノスとそれを支持するティータン神族たちと戦ったのがティタノマキアで、戦いは一〇年かかったが、最終的にクロノスはじめティータンたちはタルタロスに幽閉されて、オリュンポス神族の勝利となった。しかしクロノスはその後、タルタロスを抜け出して、地上に逃げ、ラチウムを支配した。あるいは、ゼウスによって、その地へ追放されたともいわれる。彼の治世はサトゥルヌスのそれと同一視され、幸せと豊かさにめぐまれた黄金時代といわれる。彼は時を意味するクロノスと同音のために時の神ともされ、中世からルネサンスにかけては大鎌をもった「時の老人」としてあらわされる。また、サトゥルヌスとしては土星を支配するともされ、ルネサンス時代には人体において胆汁の性質を表し、憂鬱質すなわちメランコリアタイプの人間に相当するとされた。そこから、アルブレヒト・デューラーの描いた《メランコリア》(一五一四年)の天使は、クロノス＝サトゥルヌスであるともされる。クロノス＝サトゥルヌスの配偶者も子供もしられていない。人々に恵みをもたらしつつ、本人は孤独に年老いてゆく。「おちた」神の典型である。なお、メティスはゼウス以上の神を生むだろうというガイアの予言を聞いたゼウスが呑み込んでしまって、かわりにヘラを後にした。

10　「古代のあわれな神々は当時屈辱的な逃亡をし、あらゆる可能な限りの覆面をして人間の住むこの地上に身を隠した」(ハイネ)。

11　オーディンに膂力《りょりょく》によってまさるトールは巨人たちと力比べをして、あらゆる試練に敗北を喫した。知力においてもオーディンのそれはミミルの泉の水を飲んだところからきており、ほかのものがその泉の水をのめば、彼以上の知者になったかもしれない。

12　アスラ神族マヒシャとの戦いではインドラもヴィシュヌも敗北し、ドゥルガをつくりだして、マヒシャをかろうじて退治した。

13　「彼は諸世界の果てまでゆき、自己の罪に打ちひしがれて意識を失い、何もわからなくなって水中に隠れた」(『インド神話』)。彼は一旦地上にもどるが、またすぐに地の果ての池に咲く蓮の茎のなかに隠れた。彼の罪はバラモン殺しともされる。

デューラー《メランコリア》

14　日本神話でもタカミムスビが最高の指令神であったのが、アマテラスにその役目をゆずったという。

15　死の女神が鳥の姿でやってきて、彼の肩にとまった。その鳥が彼の魂をさらっていったのだ。

16　十九世紀中葉のモンテネグロの詩人の一八四五年の作品。サタンの謀反、天上の戦いなどを語る。

17　ウラノスの前にはカオスがあり、パーネス（エロス）がいた。そこでゼウスは第五代ともされる。

18　ヒッタイトではアラルが天上の王者だった。アヌがそれに対して反抗し、アラルは敗れて、暗黒の大地へくだった。アヌは九年王者の地位にいたが、彼につかえていたクマルビはアヌに対して戦いを挑んだ。アヌは逃れようとしたが、クマルビがその男根に噛みついた。しかしアヌはクマルビのなかに天候神をのこしていった。この天候神がクマルビを駆逐する。至高神の交代はインドでもみられる。ブラフマナ―インドラ―ヴィシュヌ―シヴァである。

19　のちに農神となったクロノス＝サトゥルヌスは穀物を取り入れる大鎌をもってあらわされるが、ウラノスを去勢した時には、もっと小型の刃物、たとえばブドウの房を刈り取る小鎌などでもよかっただろう。そうではなく、巨大な大鎌であったのは、それが農神の持ち物であると同時にウラノスが天空神として巨大な体躯をしていたためであるともみられる。

20　クロード・メトラは『サチュルヌス』でクロノスはウラノスの睾丸を切り取ったといっている。しかし、いつもガイアの上に覆いかぶさっていたウラノスとガイアのきずなを切り離すには、ガイアの体内に挿入されていたウラノスの男根を切り取る以外にはない。

21　また男根から滴った血は大地におちて復讐の女神エリニュエスを生んだ。

22　ウラノスの男根から美神が生まれたのはなぜかはっきりしない。男根の血からは復讐の女神が生まれていて、こちらはそれらしい誕生と思われる。もしかすると、これは神々が人間の災いになるようにつくったパンドラとおなじような、復讐の道具だったかもしれない。醜い鍛冶の神と娶せられたことをもってみても神々のすくなくともアイロニーがこめられた誕生だっただろう。

23　タネは、その後、タンガロアによってとってかわられる。その前には嵐の神タウヒリによる洪水の話もある。

24　もっともクロノスはローマではサトゥルヌスと同一視され、農神としてあがめられた。彼の時代は黄金時代で、青銅の時代に先んじて、万物が豊かにとれる時代であったとされる。それにいつ蹴落とされるかわからない天の覇権の座より、地の果ての豊穣神の地位のほうが気が楽でよかったかもしれない。

25　ここでケルトの神話を瞥見しておく。ケルト族はアルプス地方でハルシュタット文化などを築いた。のちヨーロッパの西部にひろがり、タラニスを主神とする神話体系をつくったが、ローマ軍に追われて、アイルランドに移った。そこではトゥアサ・デ・ダナン族として、ヌアザを主神とする神話を築いたが、新しくアイルランドに侵攻してきたミレー族に敗れて、地下へ追いやられた。その後の「ケルト神話」には神々は登場せず、クフリンやオシーンら英雄たちが活躍する。

26 暗殺された皇帝の名前としては、内乱の戦闘で倒れたものも含めて、ガルバ、ヴィテリウス、ドミティアヌス、コンモドゥス、ペルティナクス、ゲタ、カラカラ、ヘリオガバルス、セウエルス、コンスタンチヌス二世、コンスタンス一世などの名前があがる。ネロは自害した。寿命を全うしたもののほうが少ないようである。自害した王は少なくないが、バイエルンの「狂王」ルドヴィッヒ二世も自らの意思で死を選んだものと思われる。

27 メキシコで短い間皇帝位についていたハプスブルグ家のマクシミリアンも反乱軍によって銃殺されている。暗殺でも処刑でもない死では、戦闘での死があり、皇帝が前線へ飛び出して行って殺される例はあまり多くはないが、戦国時代の大名ならいくらでも例がある。皇帝の例はユリアヌスで、メレシコーフスキーの『神々の死』に描かれる。彼の死とともに古代教が滅びたのである。

28 ゼウスによってオリュンポスから追放された神には、前述のアテがいる。これはゼウスが争いの女神エリスとのあいだに生んだ娘だが、人にも神にも理性的な判断を狂わせる神で、ヘラクレスの誕生にあたっては、これから生まれるゼウスの血をうけた子供はアルゴスの王となると予言し、ヘラクレスに先立って生まれたエウリュステウスが王になり、ヘラクレスは彼に仕えなければならなくなった。アテは人間の世界に追放され、人間たちに理性に反した行動をさせるようになった。

29 ヘラとゼウスの葛藤については『イリアス』に即して、フォーサイトが要約している。「ゼウスはヘラの足に鉄床をぶら下げ、彼女の腕には断ち切ることのできない金の鎖を巻き付けて彼女を天につるし下げていた。神々は彼女を救い出そうとしたが、誰かが攻撃するたびに、ゼウスはその者を捕らえて、オリンポスから投げ捨て、身動きもほとんどできないような有様で地上に転落させた」。転落した神はヘーパイストスだけではないのだ。もちろん、ティタノマキアの敗者たちもタルタロスに落とされた。ペレキュデスに拠って、フォーサイトは「ゼウスは傲慢になった者はだれでもそこに放り出した」ともいう。

30 性交によらない出生としては処女神アテナが、ヘーパイストスの精液を足に受けて、エリクトニオスを生んだ例がある。

31 ウラノスの男根、あるいは睾丸から生まれたという出生は由緒ある神と女神とのあいだの祝福された結婚から生まれた出生とくらべれば、いわば私生児のようなものだった。なお、異伝ではアプロディテはゼウスとディオネの娘といわれる。ディオネは海神オケアノスの娘である。ウラノス説の場合も、海の女神がその男根を受け入れて、アプロディテをみごもって貝の中で育てたのだとも解される。ルドンの絵では貝のなかで成長し、眠っている様子が描かれる。この貝はアコヤ貝のようであるが、ボッティチェルリの《ウェヌスの誕生》ではホタテ貝である。

32 なかでも美男のアドニスには夢中になった。しかし、アドニスはイノシシに突かれて死んでしまう。

33 座ったら二度と立ち上がれない椅子というのは、「死神をだます話」として民話に好んで語られる。死神が迎えにきたときに、魔法の椅子に座らせる。死神は立てなくなって、なんとかしてくれと懇願する。寿命を延ばしてもらって、死神を解放する。

34 エリクトニオスは下半身蛇だったが、のちにアテナイ王になる。

35 ヘーパイストスもテティスに世話をされたが、情をかわすにはまだ幼かった。

36 この運命はプロメテウスだけが知っていて、ゼウスは知らなかった。そこで、ゼウスは危うくテティスと交わるところだった。プロメテウスはその秘密を彼の解放とともに告げることにしていたが、彼はヘラクレスによって解放され、秘密のほうはいつかゼウスの知るところとなった。テティスはかくして、ゼウスの子を生むことはなかったが、ペイレウスとのあいだには英雄アキレウスを生んでいる。

37 その前にゼウスを駆逐しようとしたのはテュポンで、ガイアによって生み出された下半身蛇体の怪物だった。ゼウスはこのテュポンと戦って、組み伏せられ、足の腱を抜かれて無力になってしまったが、ヘルメスがテュポンの洞穴から、ゼウスの足の腱を盗み出して、ゼウスに与え、力をとりもどさせた。最終的にはゼウスが雷を投げ、怪物を制御した。なおディオニュソスの子供は知られていない。

38 海の女神と天空の神がまじわって至高神を生むという筋書きは原初の混沌からの神々の出生の神話をも思わせる。海は万物の生の根源なのである。

39 コラン・ド・プランシーはサタンとルシフェールを別物とし、ルシフェールを東方をおさめる悪霊とする（『地獄の辞典』）。

40 フォーサイスは「ケルソスによると」として「キリストの降臨以外に多くの天使の降臨が」あったという。そして「みんな道を踏み間違って、罰として地下につながれ」ているという（『古代悪魔学』）。それらの天使たちは人間の娘と結ばれたというのである。『天使の事典』でも、「魅力的な人間の女性とセックスするために地上に降りてきた二〇〇人の情欲深い天使の一人」アザゼルについて語っている。

41 黙示録では「竜」といわれる。「ミカエルとその使いたちが、竜に戦いを挑んだのである。竜とその使いたちも応戦したが勝てなかった。そして、もはや天には彼らの居場所がなくなった。この巨大な竜、年を経た蛇、悪魔とかサタンとか呼ばれるもの、全人類を惑わすものは、投げ落とされた」。なお、「稲妻のように落ちる」はルカ10・18。

42 カタリ派の説では「『悪』の側からする何らかの働きかけによって、『善』の世界に混乱が生じ、天使の一群が地上に降下、これが人間創造のきっかけとなる」(原田武)。

43 フォーサイスはオリゲネスに従って言う。「翼を失うということは神をないがしろにすることにほかならない」。神をないがしろにしたルシフェールはそのとき翼を失ったのである。「翼を失って祝福された地位から最初に転落したもの」ともいう。オリゲネスはさらにソクラテスに従って言う。「霊魂は、完全な状態にあって、翼を持つときには、空高く舞い上がり、世界をあまねく旅する」。翼を失えば落ちるのである。

44 ドレの描いた地獄のルシフェールは、蝙蝠の翼を地におろして、つららの下がる寒冷地獄の様子をながめている。26頁の図参照。

45 アナトール・フランスはルシフェールが指揮して天使たちを立ち上がらせた大規模な反逆の物語を『天使の反逆』に書いた。ゼウスに反逆したテュポンは、オリュンポスにかけあがろうとしたところを、雷霆でうたれ、エトナ山の下におしこめられた。

46 オデュッセウスは、帰国の道を知るために、キルケの与えてくれた情報に従って、オケアノスの果てまでいってそこから冥界へ下って、預言者ティレシアスの霊をよびだした。アエネアスはイタリアへ向かう途中、クマエで、シビュレの指示に従って、アウエルヌス湖のほとりで「黄金の枝」をとり、それをもって冥界に下った。そこでは父親アンキセスが、ローマの将来について情報をあたえた。ヘラクレスは難題のひとつで、地獄の番犬ケルベロスを捕獲してきた。いずれも地獄を征服した文化英雄である。

47 地獄下りをカタバシスという。日本の天人女房譚が天へ昇ってそこから落ちる話であるのに対し、西洋の「悪魔の娘」は悪魔の城へいって、そこから逃げかえってくる話だが、悪魔の城という以上は地下世界であるはずだ。東西で共通するカタバシス譚は、日本では甲賀三郎譚で、西洋では三人兄弟が父親の相続人をきめる試練にでかけて、末息子が、井戸から地下へおりて悪魔にとらわれていた姫君を救出するものの、自分は地下にのこされて、地下世界をへめぐって、鷲の背にのって地上へ戻ってくる話に認められる。

48 オオナムチの根の国訪問と、山幸の竜宮訪問は異界訪問譚として並行している。ただし、竜宮では美味佳肴のもてなしを受けるが、根の国では饗応を受けた形跡はない。根の国からさらに地下のネズミの国へゆくが、普通なら豊穣の地であるネズミの王国でも、美味佳肴のもてなしはなかった。

49 ヤマトタケルも焼津で、火の試練をうけた。

50 ギバというミニチュアの馬の神妖が空から降ってきて、地上の馬を倒すという伝承が飛騨・木曽のほうにある。

51 雨宝童子は天にあっては日月星辰、日本ではオオヒルメ、ツクヨミ、ニニギの三神、天竺では法身毘盧遮那、報身阿弥陀、化身釈迦の三仏、中国では伏義・神農・黄帝の三聖となる（村山修一『本地垂迹』）。

52　これら後戸の神を傀儡子《くぐつ》などがまつっていたという（服部幸雄『宿神論』）。

53　神に反抗した人間の話ではシーシュポスの話がある。ゼウスが川のニンフをさらってゆくところを目撃して、ニンフの父親に告げ口をしたのである。その後、ハデスの王国に落とされたときも、ハデスがさしむける神霊をたぶらかして逃げ回った。結局最後はタルタロスで、絶えず転がり落ちる石を山の頂まで押し上げる罰に服した。

54　何物にも害されることがないというバルデルに神々が戯れに石などを投げて遊んでいたとき、バルデルの唯一の弱点を聞きつけてきたロキがヤドリギを取ってきて、矢にして盲目のホズに渡して、バルデルのほうに射させた。ヤドリギだけはバルデルを害さないように万物を祓ったときに忘れていたのである。矢はバルデルにあたって、バルデルは死んだ。そのあと、神々は地獄の女神ヘルに交渉して、バルデルをこの世へ送り返してもらおうとした。ヘルは、地上のすべてのものがそれを願うならという条件で、バルデルの蘇生を承知したが、このときもロキは老婆のすがたでその神々の願いに加わることを断った。ために、バルデルはヘルにとらえられたままになった。

55　プロメテウスとゼウスの葛藤では、「犠牲肉の取り分」のあらそいもある。人間が神々に犠牲をささげるとき、犠牲獣のどの部分を神が取るかで、プロメテウスは骨を脂肪でくるんだものと、肉を胃袋でくるんだものを並べて、どちらかを取るようにゼウスに言った。ゼウスは骨のほうをとったのだが、そのとき、ゼウスはプロメテウスの詭計をみぬいていたという解釈もある。ふだんアムブロシアを「食べて」いた神々には獣肉は必要なく、肉を焼いた煙だけでよかったのであり、それよりむしろ、骨のようにくさらない物質が神の不死性をあらわしており、やわらかい肉を与えられた人間は、その肉のように死ななければならなくなったというのだ。神々が犠牲の獣肉を人間のように食べていたという想像が場違いなものであることを神々も認識していなかったところにこの神話の錯誤がある。

56　安達史人は『神々の悲劇』で、プロメテウスを「下降する神」としている。火を盗んで地上の人間たちのところへもたらしたのだから、たしかに「下降」したのである。

57　イシュタール（イナンナ）の蘇生には天空神エアが介入した。彼は人間を作り、生命の水をもたせて冥界へ派遣し、イシュタールを蘇生させ、タンムーズを身代わりにして地上へ戻した。安達はここで、イナンナの冥界下りは豊穣神タンムーズを冥界へ送るためだったという。タンムーズはいったん死んで、春になって植物とともに復活するのである。

58　テセウスは友人のペイリトオスの希望をいれて、ペルセポネを誘拐しにハデスの国にくだっていった。ハデスは彼らにあうと、まずそこの椅子に座るように言った。これはそこに座ったら二度と立ち上がれない椅子だったが、テセウスらはそんなこととは露知らなかった。テセウスを解放したのはヘラクレスで、十二功業のひとつの地獄の番犬ケルベロスの捕獲に地獄へやってきたときにテセウスを解放したが、ペイリトオスのほうは椅子から解放することはできなかった。

59 後醍醐は翌年は隠岐を脱出している。また、それは南北朝の争乱のさなかの流刑で、北朝方から廃位されてのものだった。淳仁天皇も廃位されて淡路島に流された。ほかには承久の乱で敗れた後鳥羽、土御門、順徳の上皇たちも流された。

60 ロムルスはマルスの野で閲兵中、突然姿を消した。

61 ハスの茎すなわち蓮根であるなら、これを男根に見立てる話は折口信夫の『死者の書』にも出てくる。

62 スサノオが根の国へ行くのは自分の意思によるところが大きかったとしても、イザナギによって、また高天原の八百万の神々によって、追放されたのも事実であり、雨のなかを蓑笠を着て家々に一夜の宿りを乞いながら行ったのである。

63 野山が枯れるほど泣き叫ぶというのは、考えてみるとおかしい。泣き叫ぶというのを嵐の神の猛威をあらわしているとしても、暴風で木々が倒れるのはありえても、大雨で木々が枯れるということはない。スサノオは野山の木々の神ではないはずだが、新羅に降り立って、息子のイタケルとともに木々の種をもってきて、さらに胸毛や尻の毛をぬいて槇や杉にしたというところから、木々を植えて野山をみどりにした神であるとするなら、その野山の神が泣き叫んで野山を枯れさせたのだとすれば辻褄があわないこともない。その場合は根の国も樹木の根の国と考えられるだろうが、泣き叫んで野山を枯れさせたのは根の国へ行く前であるというところが矛盾する。

64 スサノオの乱暴狼藉については、いろいろな解釈が可能である。例えば、斑駒の皮をはいで、天の機屋へ投げ入れたことについては、中央アジアの馬供儀がひかれることもある。しかしであれば、何をまつる供儀だったのだろう。豊穣儀礼であれば畑において馬を殺して皮をはいだろう。機屋は太陽の衣を織る処であったなら、太陽の祭りであったか、あるいは、斑駒、逆剥ぎというように通常の儀礼に反する道具立てであれば、太陽神を駆逐する呪法であったかもしれない。太陽巫女のアマテラスがそれによって洞穴にこもるとすれば、アマテラスをふくめて太陽儀礼の場を壊乱したともいえる。根の国に太陽があるかどうか不明だが、あったとしても地上や天上の太陽とはちがう第二の太陽であったかもしれない。であれば、その第二の太陽、根の国の太陽につかえるスサノオが第一の太陽をまつる高天原の斎場で、乱暴をはたらいたことの意味も簡単に了解されるかもしれない。アマテラスの畑での乱暴も水田稲作に対する根の国での耕作法である焼き畑農業の側からの行動であればそれなりに理解されよう。根の国には水田はなかった。高天原には、彼の畑もあったが、荒れ地で収穫の期待できないところだった。

65　「スサノオはシャーマンとして根の国に君臨していた」と山口博はいう。

66　スサノオは根の国に流刑になっているのである。大国主はそこへ、自らの意思で下って行ったが、スサノオは追放されて根の国に住んでいた。境を超えて、地上に出てくることはできなかったのである。西洋の昔話「悪魔の娘」では、悪魔の城から逃げてきた主人公は、この世と下界とをへだてる境を越えると、悪魔の追跡をかわすことができた。悪魔はその境を越えることができないのである。その娘も、境を越えるには三日三晩の試練をへなければならなかった。

67　ばらまかれたオシリスの身体のうち、男根はナイルに捨てられ、魚にのみこまれてしまった。そこで、イシスは粘土をこねて人工の男根をつくってオシリスの股間に植えた。のちにオシリスが地上の王になることを承知せず、冥界の王になったのは、五体にかけるところがあったせいかもしれない。少なくともケルトでは、五体に欠陥のあるものは王になれなかった。

68　自己流謫というより、腹を立てた神が隠れて、そのために世界に実りがもたらされなくなる例はヒッタイト神話の農耕神テリピヌであり、ギリシャのデーメーテールだろう。穀物の神デーメーテールは娘のコレがいなくなって、悲嘆にくれて身を隠した。ために地上の穀物が実らなくなった。

69　世界の七つ頭の大蛇を退治する物語では、怪物の首を切っても、すぐに元のところにくっついてしまったり、あるいは切り口から新しい首が再生してきたりする。これを退治するには、細切れにした体を、またくっつかないように遠くへ放り投げなければならない。

70　セメレーはゼウスと交わって、ディオニュソスを懐妊したが、産み月をまたずにゼウスの雷霆にうたれて死ぬことになり、ゼウスが胎児を取り出して、自分の腿に埋め込んだ。そして産み月がきて、産み落としたので、最初のペルセポネからの出生につづいて、セメレーからの出生、ゼウスからの出生と三度生まれたことになる。

71　彼は神の指の股からこぼれ落ちたといわれる。これも天から落ちた神である。

72　イザナミは黄泉の国へ行く前に、まず、イザナギとともにオノゴロ島に降り立っている。「その島に天降りまして」ミトノマグワイをしたのだが、これも天からの降下である。

73　イザナギも死んで「神上がり」する。

74　大母神が女陰のなかに火を隠していたという神話は各地で語られる。

75　死に切ってはいないから、その姿をみて逃げ出すイザナギの後を追って、黄泉平坂までやってくる。そこでイザナギが大岩を引き出して、出口をふさいだのでそれ以上追ってこれなかったが、さもなければ、この世まで追いかけてきたところである。このイザナミを安達は「幻視の女」という。

76　根の国でのイザナミのくらしぶりは語られない。黄泉の国では、その国の王である黄泉の神の命に服していた。イザナミが死の国の女王になったという観念が往々にしてみられるが、記紀にはそれをあとづける記述はない。しかし死者としては黄泉の国で殯の期間をすごし、根の国で試練を課され、清められて常世へゆくのが通例であろう。

77　ここでは皮をはいだ馬自体を投げこんだとも解釈されているが、皮をはいだ馬であれば、斑であるかどうかはわからないし、馬自体をひとりで投げこむのは大変である。これは海外の例にあるように犠牲獣の皮をはいで祭りをするのである。

78　我が国ではオオゲツヒメとウケモチノカミの死体化成神話があるが、殺された神としてはイザナミの死の原因となったカグツチもある。斬首である。またアメノワカヒコも殺された。イザナギも死んでいる。神の死についいては「神上がり」という観念がみられる。神の不死性について明確な観念はなかったとみられる。なおアマテラスの岩戸隠れは彼女の死を表しているという考えもある。

79　なぜ死体を細切れにしたのだろう。芋を細かく切って埋めれば再生することは自然に学習されるだろう。ヤシ女神が殺されて芋女神になったのだ。そこで細切れにして埋めたのだ。その段階で死体から芋が再生することはわかっていたにちがいない。

80　ウケモチノ神の場合は、頭に牛馬なりといい、死因も刀による斬殺であって、首を切ったものとみられる。切られた首から馬が出てくるのはメデューサの場合で、ここもそれに準じて切られた首から牛馬が出、あとは口や耳、鼻、尻、へそなどから穀物が出てくる。オオゲツヒメの場合はどうやって殺されたかわからないが、牛馬は出てこない。

81　ウケモチは海を向いて口から魚を、山を向いて口から獣をはきだした。その死体からも多くは穀物だが、牛馬も生まれている。とくに魚や獣を生み出していることが注目される。栽培植物の前は採集経済だったので、魚介類は重要な食糧であった。

82　木に棺桶が包み込まれてしまうには、何十年かの長い時間がかかるだろう。しかし神話では、神々も生まれてすぐに歩きだす。イシスがオシリスの遺骸を発見するのにも時間はかからなかった。

83　冥界の王としては、魂の計量を主宰する。

84　聖母は上向きの三日月に乗って昇天し、下向きの三日月で降臨する。

85　最初に降臨したのはイザナギ、イザナミである。その後、アメノホヒが派遣されるが、大国主に媚びて高天原に戻ってこなかった。そしてアメワカヒコが下され、次いで、タケミナカタ・フツヌシとなる。

86　海外への赴任でもシベリアとかアマゾニアとかだと、そこへ行くのはかなり勇気がいるだろう。

87　この時、コノハナサクヤヒメの父神オオヤマツミは、姉娘のイワナガヒメを添えて差し出すが、姉娘はひどく醜かったので、送り返した。この姉娘はイワのような長寿を保証するものだったが、それを送り返したので、以後の皇統は短命になったという。

88　この五伴緒の職能はアメノコヤネとフトダマは住居に関するもので、イスコリドメは鏡づくり、タマノオヤは玉造であろうが、実際に天孫降臨において、なんらかの職務をはたしたようには書かれていない。職務よりも各氏族の始祖となっているので、ニニギもコノハナサクヤヒメと結ばれて皇統をつくりだしたことがその職分とみられる。

89　その後、猿田彦は「道開きの神」として神々の行列を先導する。

90　降臨した天津神には、アメワカヒコ、アメノホヒ、ニギハヤヒなどがある。

91　ペルセウスのメドゥサ退治を支援したのはヘルメスとアテナである。

92　子供たちの誕生は必ずしもスムースではなかった。コノハナサクヤヒメが妊娠を告げたとき、ニニギは一夜で孕むはずはないといって疑った。それではとコノハナサクヤヒメは、産屋に火をつけて三人の子供を産んだ。このときどうして、子供たちが火に焼けず無事に産まれたのか疑問になるところだが、天神の子だから無事だったということになっている。ニニギはその子供たちの誕生を確認して、以後、姿をみせない。三人の子供たちの一番上は海幸になり、末っ子は山幸となる。二番目の子については、消息が語られない。

93　一応、彼の墓は可愛山陵にあり、地上で死んだことになっている。

94　ニニギのおこなった事績として風土記に語られるのは、日向の地に降り立ったとき、天地が暗かったので、持っていた稲穂のもみをまいたところ世界が明るくなったという一点である。これをトリプトレモスが麦栽培をはじめたのとおなじに稲栽培を広めたこととするのか、それとも太陽神の孫として、太陽光を中つ国の上に広げたこととするのか、解釈はわかれよう。なおトリプトレモスは有翼の竜のひく飛び車に乗って小麦を広めていたが、彼の友人のエウメロスの息子はその車に乗って墜落して死んだ。

95　高車の始祖伝承では、草原に高台を築きその上に王女をおいて、「請ふ天自らこれを迎へよ」というと、狼が来てこれと交わって子を成し、国を作った（三品彰英『神話と文化史』）。

96　マリアはこのほかに死の告知もミカエルからうけた。昇天の告知というべきかもしれない。三日月を踏んで天使たちに囲まれながら昇天するのである。その時は天使たちが降りてきて、彼女を昇天させる。彼女も地上にいた間は「落ちて」いたのではないだろうか。天使はイエスの復活の場面でも現れ、復活を告知する。また画家たちはマグダラのマリアも天使たちに運ばれて昇天したとする。

97 この「黄金の光線」はテクストにはなく、画家たちの想像だが、日光感精神話でいうなら、太陽光であり、下腹部に差し込むはずである。その後、イエスは「私は光である」という。光によってみごもった光の子という意味であろう。もちろんヤーヴェも光であり、それに先立つミトラも「不滅の太陽」である。

98 レオナルド・ダ・ヴィンチの絵（一四七五年頃）では、黄金の光線の代わりに、天使がユリの花をかざしている。ユリの黄色い雄蕊の花粉がマリアを受胎させるのである。

99 天使は人間のような男女の性別をもっていない。

100 猿田彦は、伊勢の神だが、ここでは天の八衢に昇っていって、ニニギの一行を出迎える。その後、日向までニニギたちを送っていって、伊勢に戻り、アザカの浜で平部貝に手を挟まれて、海底にひきこまれる。これも一種の墜落であろう。ただし、ここで猿田彦がおぼれ死んだとする一般の解釈には従わない。死なずに貝に導かれて竜宮まで行ったものと考える。猿が亀やクラゲに導かれて竜宮までいこうとする昔話（「猿の生き胆」）があって、それと同じパターンである。

レオナルド・ダ・ヴィンチ《受胎告知》

101 クリムトの絵では黄金の雨は精液そのもののようにもみえる。また、天空から差し込む黄金の光線で受胎する神秘は受胎告知の場面でも具体的、可視的に描かれている。

102 エジプトのファラオの場合は天神のホルスが来臨して王妃が懐妊するものと信じられていた。

103 始祖伝承では北の方で獣祖、中間地帯で卵生、南で感精神話がみられるが、太陽に感じて卵を産むというように、卵生と感精があわさったものもあり、畜類の竜蛇あるいは馬が卵を産むという場合もある。インドシナのクン＝アイ神話がその例である。

104 日本では卵生でも獣祖でもなく、蛇としてやってきた神と交わって神の子を産む例が多い。蛇なら卵生だろうが、日本神話では、蛇の形で産まれてくる。クレフシ山神話では、見知らぬ男が女のもとに来て蛇が産まれる。この蛇はあっという間に大きくなって、家で飼っておくことができなくなり、天の父神のところへゆくがいいというと、そこにいた叔父を絞め殺して天へ昇るが、母親が土器を投げつけると尾にあたり、それ以上飛べなくなって、クレフシ山に落ちて、山の主になる。この話では「叔父」というのが微妙な存在で、母と叔父は夫婦の関係にあったと考えられる。その叔父を殺したので、母親は、子に対して土器を投げて、山に墜落させるのである。

105 桃太郎は水界から流れてきたので、天から落ちてきたのではないともいえるが、『竹取物語』などを見れば、地上の植物のなかに生まれた天人は天界から落とされたのである。桃太郎も天から落ちて、桃のなかに入って、流れてきたのかもしれない。水中の異界から流れてきたにしても、それを竜宮というにしろ、蓬莱というにしろ、天界とおなじ超越界である。天界から降臨した童子神については、谷川健一は『青銅の神の足跡』で、ツヌガアラシトも「小童の形相で天界から降臨した」日の御子としている。

106 ジャンヌ・ダルクはとらえられて魔女として火あぶりになった。

107 ベルンハルト・ホルストマン『野戦病院でヒトラーに何があったのか』に引用された論文から。なお毒ガス攻撃で一時的に失明したヒトラーは野戦病院で、催眠術をかけられて、治療されたという。

108 「ナルト叙事詩」では死に瀕して剣を海に投じさせている。海は沸騰し、真っ赤になって、バトラスの死をあらわした。海から来た英雄が海へ帰ったのである。その前に彼は竈の中に閉じこもって、自分の体を鍛えた。そして不死の体になって竈から出て、海に飛び込んで海水を皆蒸発させてしまった。

109 航空機の歴史では、一九八一年に気球（ダブルイーグルV）で、太平洋を横断したアブラッゾの壮挙が記憶される。そのあと、何名か追随したが、成功はせず、墜落したものとみられる。飛行機そのものでは一九〇三年のライト兄弟の飛行以来一二〇年のあいだに、墜落した航空機は数しれない。一九六七年のソユーズ一号の墜落のあと、宇宙ロケットの事故も少なくない。有名なものはアポロ一号、スペースシャトルチャレンジャー、スペースシャトルコロンビアなどである。

110 彼が死んだのは氷雨にあたったからだというのが、もっとも常識的な説明だが、いつも佩用《はいよう》していた剣を置いてきたからだというのが象徴的説明で、大猪にであって、それを伊吹山の神と知らずにあとでしとめてやろうと言ったからだというのが神話的説明である。

111 彼が死後どんな鳥になったのかは不明である。『古事記』では白智鳥になったというが、千鳥なのか、ハクチョウなのかわからない。

112 蠟は松明に使われていた蠟を使ったほか、ミツバチの巣が迷宮内にあって、その蜜蠟をまぜたといわれる。迷宮には中心部に明かり取りの穴が開いていて、蜂が出入りしていたらしい。

113 彼はそもそも甥を弟子にしていたが、その弟子が彼を超えようとしているのを見て、崖から突き落として殺している。あるいはアテナがこの青年をヤマウズラに変えたともいう。

114 これは昔話でよく語られる知恵比べのモチーフである。

115　ヴィーラントは王に捕らわれて、足を切られ、塔に閉じ込められて、金銀の細工をするように強制された。その牢獄を脱出するまえに王子を殺し、王女を凌辱して王に対する復讐をした。

116　神でも空を自由に駆け巡ることはできなかった。ヘルメスだけが、翼のついたサンダルと帽子を身につけて空を駆けたが、これは神々の伝令としての職務を遂行するためだった。

117　太陽神としてのヘリオスはアポロンより古い神と思われる。アポロン神話に太陽神としての性格が付与されるにつれて、ヘリオスの性格の一部がアポロンに吸収されたのであろう。ただ、ヘリオスが毎日太陽の馬車を御して天空を駆けるのに対して、アポロンが太陽の馬車を駆けさせるのは例外的で、普段は彼はオリュンポスの神々の宴に列している。

118　人間としての規を超えたことへの罰としては、ゼウスの后ヘラに恋慕したイクシオンのうけた罰もある。イクシオンはタルタロスへ落とされた。タンタロスも神々を試した不遜を罰せられてタルタロスへ落とされた。神々を招いて饗応したときに、息子を殺してその肉を供して、何の肉かわかるか試したのである。これがのちにアトレウス一族の呪いとなってオレステスによる母殺しにまでいたるのである。ちなみにベレロフォンはゼウスが送ったアブにペガソスを刺され、ペガソスが暴れたために地に落とされたともいう。

119　日本では聖徳太子が「甲斐の黒駒に乗りて、白日に天に昇れり」（『本朝神仙伝』）という。また泰澄も翼なくして飛べりという。飛べずに落ちた英雄ではヒッポリュトスもいる。彼は海神ポセイドンの怒りを買って、怪獣を送られて、死んだ。彼が戦車を引かせていた馬がおどろいて暴走したのである。海岸を走っていたので海神が彼を殺すべく怪獣を送った。天を駆けていれば、天神が雷霆を落とすのである。

120　イカロスはダイダロスがミノスの女奴隷に産ませた子とされる。

121　ベレロフォンはコリントス王グラウコスの息子だが、ポセイドンの子という説もある。誰もてなずけられなかったペガソスをアテナ女神の助言でてなずけたが、アルゴス王のもとを訪れたとき、その妃に恋慕され、それを退けると、言い寄ったと讒言をされ、リュキア王のところへ「この男を殺すように」という手紙をもって殺されにゆくが、リュキア王の命ずるキマイラ退治などの難題をやりとげ、王の娘をもらった。その後、ペガソスに乗って天にのぼろうとしたのをゼウスに見とがめられ、殺されたとも、アブを送られて、馬が暴れて、落ちたものの、死にはしなかったともいわれる。

122　その前にはヘラによって狂気を送られ、妻と子供たちを射殺した。

123　ヘラクレスは幼いときにアテナの配慮でヘラに授乳されたので、不死になるはずだったが、ヘラが途中で気づいて、幼子を押し戻したので、不死になれなかったのかもしれない。死後、彼は神々の座に加わってへべを妻にした。

124　アーサーには子供は知られていない。文化英雄はアレクサンドロスほか、みな一代かぎりである。

125　泰山府君も北斗七星の一つ輔星が降臨したものだという（西風隆介『神々の契約』）。

126　星と人間の婚姻譚については拙著『空と海の神話学』（楽浪書院）参照。

127　女色におぼれた仙人としてはインドの一角仙人が名高い。彼の仙力を恐れた神々が遊女を送って誘惑させた。

128　このとき女は川辺で洗濯をしていた。天から落ちた仙人と交わるのが水辺というのは示唆的である。川から流れてきた朱塗りの矢や竹の筒が、女の脚の間に入って、女を受胎させる話とそれは通じている。

サンドロ・ボッティチェルリ《ウェヌスの誕生》

129　妻を抱いて空を飛んでいたのはギリシャでは西風ゼピュロスである。彼はニンフのクロリスを妻にして、彼女を抱いて空を飛んでいた。その様子はサンドロ・ボッティチェルリの《ウェヌスの誕生》（一四八三年頃）に見られる。キュテラ島の沖の波間に浮かびあがったウェヌスにゼピュロスが西風を吹いて、女神を島へ送りだしている。そのときクロリスもゼピュロスに抱かれて空を飛びながら、頬を膨らまして、風を送っている。

130　天女が地上へ降りて水浴をしていたというのは、天上では水浴ができなかったことを意味している。天上の住まいには浴室などなかったのである。

131　天へ上るのに瓜の種を植えて、草鞋千足を肥料にして、蔓を天まで伸ばしてそれをよじ登ったなどという。黄牛千頭を埋めるともいう。天へ上ることの不可能性をいうが、中国の牽牛織女では、牛を殺して天に上るともいう。植えた植物は朝顔などつる性の植物か、マメ科の樹木である。伸びた植物がもう少しで天に届かないときには、つれていた犬が先に天に飛び上がって、男はその犬のしっぽをつかんで天にはいあがる。

132　この大水を天の川の起源とするものもあるが、天の畑の瓜のなかに「世界水」が入っていたとみるのは大林太良である。それを切れば果てしなく水が出る。

133　ナスの苗を買ってきて育てていると天までとどく。それを登って天にゆくというのもある。

134 琵琶湖に落ちて源五郎鮒《ゲンゴロウブナ》になったと語るものもある。

135 天を飛ぶ神人が川で洗濯をする女の肌をみて欲情をおこすというのは、太陽が女の放尿の場をみて女を妊娠させるのと同工異曲である。朱塗りの矢が川を流れていて、川遊びをしている女のホトをついたというのも同じで、矢は雷神すなわち天神である。

136 熊が四〇日の洞穴籠もりをへて人間の女になり、天から降りてきた天郎と結ばれて始祖を生む。檀君神話である。

137 ニニギの一行は高天原から降りて、まず天の八衢で猿田彦にあう。鈿女が猿田彦と交渉し、猿田彦はニニギたちを日向に案内する。したがって、このとき、高天原と高千穂は直結してはいず、八衢から高千穂まで、空中を飛んでいって、高千穂に「降り立つ」のである。スサノオの場合は高天原を追われて、簸の川の上流へ降り立つ。そこから根の国へおもむく。ニニギに先立って国譲りの交渉にきたタケミカヅチは出雲の海岸に降り立つ。もっともこれはアマノトリフネに乗って飛来したともみられる。飛来の場合は出発地と到着点の隔たりは不明である。なお『日本書紀』ではフツヌシがタケミカヅチを従えてやってきたとする。そのほか、彼らに先立って降臨した天孫にニギハヤヒがいるとされる。石田一良によると「こうした小地域の神々は、それぞれ天から降ってきたらしい」とあり、「天降った神がその地方にまつられた話が『風土記』に散見する」という。

138 その後の争乱時代には、生きながら天狗になった崇徳上皇、その弟で日本一の大天狗と頼朝にいわせた後白河上皇ら、上皇や親王ら、位を追われ、遠流となったものたちが天狗となったとみなされた。『太平記』では、愛宕山に「淡路の廃帝、井上皇后、後鳥羽院、後醍醐院」以下が天狗となって、天下壊乱のはかりごとをしていたと書かれている。彼らはただ集まって天下壊乱の謀議をしていたというだけで、実際には何もしなかったが、鳶が化けた天狗は仙術をもって阿弥陀来迎の真似をして、愚かな僧をたぶらかし、高い木の上にゆわえつけたりした。天狗は男性で、女天狗は知られていない。また、天狗がインクブスのように女に取り憑いた話は染殿の后の話にあるが、ほかは知られていない。

139 お伽草子「天狗の内裏」では、鞍馬寺で学問にはげんでいた義経は、十五歳で門出を決意、大天狗の住む内裏を訪ねる。途中、炎の地獄、血の地獄などをへめぐり、十方浄土にたどりつく。そこで大日如来となっている父義朝に会い、平家討伐を誓う。

140 空を飛ぶ英雄としてはインドのハヌマーンもいる。

141 八〇〇〇メートル級の高山を征服する登山家も下界の人間からすれば仙人にも見えようが、頂上をきわめたのち、氷壁を滑落して死んだものも少なくない。

142 北欧ではヴァーヌ神族とアス神族の抗争、あるいは巨人族との闘いになる。

143 本地垂迹でも、まずインドで在来の神と習合したもの、在来の神が天になったものがあり、次いで、中国で在来の神と習合したものがあって、インドから日本に直接やってきた本地仏は少ない。

144　日本では安康天皇、崇峻天皇が暗殺されている。

145　秀家は関ケ原で西軍に属し、敗戦後、逃走し、伊吹山中をさまよった後、薩摩にかくまわれたが、最後は捕らえられた。

146　池澤夏樹に『マシアス・ギリの失脚』という小説がある。前大統領を暗殺させたことが明るみにでて飛行機から飛び降りて死んだ南の島の大統領の話だが、大統領や皇帝の暗殺だの、未遂だの、陰謀だのは世界史上いくらでも例がある。

147　ケネディーが射殺されたことはまちがいないが、犯人の特定はできず、その背後関係も不明である。なにより彼の死によって利益を得たものが誰かがわからない。

148　日本でも首相クラスの人物の暗殺は伊藤博文、原敬、犬養毅などがある。なお暗殺ではないが、田中角栄はロッキード事件で有罪判決を受けている（被告死亡により、公訴中断）。

149　ゼウスが蛇になってオリンピアの褥に通って、アレクサンドロスを孕ませたという。

150　三田は天皇の病悩を憑き物としている。染殿の后の場合は病悩平癒のために呼ばれた高僧が、后の美しさに惑乱して、后を思いのままにするために、餓死して天狗になって、后に取り憑いた。同じようなものだが、道鏡のほうが上手だったようだ。

151　一九三四年の党大会の代議員一九六六人のうち一〇〇八名が処刑され、赤軍では二六万八九五〇人が逮捕され、七万五九五〇人が処刑された（中川右介）。

152　スターリンとの違いはヒトラーが自害したことだ。もう一人の独裁者ムッソリーニが罷免されたとき、イタリア人はそれを「転落」と呼んだ（『独裁者たちの最後の日々』）。

153　殺された独裁者として、より最近ではカダフィの名もあがる。あるいはサダム・フセインもいる。

154　静御前は吉野で義経と別れた後、捕らえられて、鎌倉へ送られ、頼朝の前で舞を舞わされ、その後消息をたった。

155　英語を公用語としている国はＥＵではアイルランドだけである。ただし、アイルランドでも第一公用語はアイルランド語である。

156　文化大革命で殺害された人の数は数百万から二〇〇〇万以上（Wikipedia）とされる（第十一期三中全会での公式見解では死者四〇万という）。その殺害方法は残虐を極めた。幼児の両足をもって全身を引き裂くようなこともやった（『毛沢東の文革大虐殺』）。その前の一九四九年から五一年にかけての「整風運動」では一〇〇万人が粛清された（『独裁者が変えた世界史』）。これらとは一応別だが、一九七五年からのクメール・ルージュによるカンボジア人虐殺は一五〇から二〇〇万人とされる。ポル・ポトは「毛沢東思想のもっとも忠実な実践者」といわれる（Wikipedia）。

157　「私は最初のものにして、最後のものである」と告げる。

158　世界滅亡のいくつものシナリオのなかで、もっとも確率も危険性も高いものは、火山の大爆発だとジョエル・レヴィは言う（『世界の終焉へのいくつものシナリオ』）。

159　かつての脅威であった噴火、地震、洪水は、現在の終末論ではあまり取り上げられなくなった。ジョン・レスリーの『世界の終焉』でも、核戦争について論じられている脅威は生物兵器であり、化学兵器で、そのほかオゾン層の破壊、温室化効果などがあげられる。

160　十四世紀の大流行時の死者は一億人という（Wikipedia）。二十世紀初頭のスペイン風邪の死者も一億人と推定されている（同上）。

161　二〇二二年六月十六日の数字では新型コロナの感染者五億人以上、死者累計六三一万五七八四人にのぼっている。ペスト大流行期にも、正確な数字はわからないが、上述のように、ほぼ同じ規模の数になっていた。

162　十八世紀末の「王殺し」の後、十九世紀、二十世紀をとおして、神の権威は著しく失墜した。とくに第二次大戦のホロコーストと原爆は大いなる災いに対して神が何もできないことをあきらかにした。

163　セズネックは『神々は死なず』で、星辰信仰によって、「神々の存続が保証」されることを示し、「半神や英雄たちは空に昇って空を星座で満たす。かくて、地上では王座から滑り落ちていても、あるいは滑り落ちかかっていようと、彼らは依然として天球の支配者であり、そして、人間どもは彼らに祈り、彼らをおそれることをやめないであろう」という。

164　例外として、ヒンドゥー教では神話の神の信仰が続いている。

165　翌日戦場から戻ってきたアムピトリオンは妻の態度が冷淡なので驚いた。

166　ディルケはディオニュソスの信徒で、彼女がアンティオペを迫害するのを神が嘉《よみ》し、一層アンティオペを苦しめた。

167　アポロンがダプネを追いかけたときは、ニンフの願いを神々は聞いて、月桂樹に変えた。また、ミュラの場合は、父親に追いかけられて、没薬の木に変えてもらった。これ以外のケースでは神々が人の願いを聞き遂げた例は少ない。あえて言えば、牝牛になったイオを監視していたアルゴスをヘルメスが殺したのが、イオにとっては苦しみの中のわずかななぐさめになった。変身の話では、オヴィディウスの『変身譚』には、鳥になった例が多いが、ダプネのように神に追われた女が助けを求めた例は少ない。

168　ゼウスの淫蕩な性については、彼の近親婚も指摘される。ヘラが実の姉であることはともかく、もう一人の姉デーメーテールとのあいだに作った娘ペルセポネを蛇体で犯してザグレウスを生んでいる。兄妹婚はエジプトなどでもごく普通のことだった。

169　それに対しては「性器を露出する女神」もいる。

170　ドン・クアルンゲとも表記する。

171　オセアニアのソサエティ諸島では、祭りの夜はかがり火を大量にたいて、「レフ・アルイ」（真昼のような夜）を現出する。

172　そもそも太陽神とは何だろう。天体としての太陽を崇拝するのではない。ヘリオスのように太陽の馬車を操るわけでもない。太陽の進行を司る神だろう。アマテラスは太陽そのものではないから、彼女が岩戸に隠れても、天体としての太陽は空に照り映えているはずである。そうではなく、彼女が岩戸に隠れると天地が暗くなるというのは、アマテラスと太陽のあいだに関連があるということだ。同一性ではない。

173　天の八衢がどこにあったか不明だが、高天原から、群雲をかきわけて、石段を何段か降りたところであろう。そのとき高天原が出雲にあったか、大和の上空だったかはわからないが、そこから高千穂の峯までは雲に乗って飛んでいったのではないだろうか。あるいはそこは伊勢の上空だったかもしれない。であれば、伊勢の土地の神猿田彦がそこにいて、ニニギの一行を迎えたのも不思議ではない。しかし、伊勢はまだアマテラスの鎮座地ではない。天孫降臨をする場所としては、その前にタケミカズチらが降り立った伊耶佐の浜あたりが想定される。そのあたりなら猿田彦もでかけてゆくことができなくはない。彼が生まれたのは加賀の潜戸で、そこで生まれた佐田大神と同神だとするなら、出雲は彼の領域だったろう。

174　性器を露出する女神としては、ギリシャのバウボ、エジプトのハトホルやイシスがいる。ハトホルは父親のラーが神々の会議で長引いた議論にうんざりして、寝転がってしまったとき、その上へ立って、裾をまくり、性器を見せて、ラーを立たせた。

175　フェンリル狼を捕縛するとき、オオカミは誰か神が腕を彼の口のなかに入れていることを最悪の事態がおこらないことの保証として求め、チュールがそれを引き受けたが、鎖がどうやっても引きちぎれないことに気づいた狼はチュールの腕を食いちぎってしまった。

176　リア・ファルまたは運命の石と呼ばれ、正当な王が戴冠すれば叫び声をあげる。

177　エキドナはテュポンと交わって地獄の番犬ケルベロスや、ヒュドラ、ラドン、キマイラなどを生み出した。またヘラクレスとのあいだにはスキタイ族の始祖を生んだ。

178　ハトホルは天空の牝牛で、性質は温和である。多産を表すときは猫神バステットになる。

179　セクメトの宥和には赤く染めて血のようにしたビールをセクメトに飲ませて酔いつぶすという策もとられた。

180　エジプトの一年は三〇日×一二か月の三六〇日で、余った五日間をエパゴメネと呼んで、暑熱と災厄の日々としていた。それが過ぎると新年になり、雨期になって、やがてナイルの増水がエパゴメネの災厄を流し去ってくれる。

181　このとき子供たちの父親アムピオンをも殺したとされる。

182　旅人がくると崖から海へ突き落した男、ベッドに寝かせて、足がはみでるとそれをたたき折り、ベッドに余裕があると足を引っ張って、ベッドにあわせていた男、二本の松の木に旅人をゆわえ、たわめた松の木を放して、旅人を引き裂いていた男などがいた。

183 財産を奪い、家族をみな死なせ、ヨブ本人にも業病を与え、人々に忌み避けられるようにした。

184 ジャン＝ジャック・ルソーは『エミール』で言う。「怒りやすい神、嫉妬深い神、復讐を好む神、不公平な神、人間を憎んでいる神を描いてみせるだけだとしたら、戦闘と闘争の神、絶えず破壊しよう、威嚇しようとしている神、絶えず責め苦について語り、罪のないものまで罰することを誇っている神を描いてみせるだけだとしたら、私の心はそういう恐ろしい神にはひかれない」。

185 プロクネは夫のテレウスが、彼女の妹のピロメラをてごめにしたのを憤り、自分たちの子供を殺してテレウスに食べさせて、鳥になって逃げた。

186 カリオストロの保護者が「彼は、いかさまなしでは人々を引き付けることができなかった場合、あえていかさまによって信奉者を集めることを辞さなかった」と言ったという（コリン・ウィルソン『オカルト』）。

187 兵士が槍で右の脇腹を突いたが、これは心臓が機能しているかどうかを確認するためのもので、危害を加えるためではなかった。

188 ルソーの『エミール』は言う。「私としては、心から神を信じているから、神にふさわしいとはとても言えないそんなにたくさんの奇跡を信じはしない」。たしかにカナの婚礼のように、パンやワインを増やしたことがどのような神の聖性を証明したことになるかわからない。

189 モーセはさらにアブの災い、疫病の災い、イナゴの災いなどをおこした。災厄をまき散らしたのである。

190 青銅の蛇をつくってまつれば、炎の蛇の害は除かれるというのはヤーヴェの示唆である。

191 リュカオンもおなじことをした。訪れ神を試そうと、人肉を料理してゼウスに供したのだ。ゼウスはそれを見破って、リュカオンをオオカミに変えた。

192 神々はアムブロシアを食べるほかは、犠牲として捧げられた獣を焼く煙を吸うだけで、原則として肉食はしないはずである。しかし、地上を旅する時は饗宴に連なっていたようである。

193 リアノンはいなくなった子供を食べてしまったものと疑われ、罰として、客を門から客間まで背負って運ばなければならなかった。

194 遠藤周作の『沈黙』では、「黙っていたのではない。ともに苦しんでいたのだ」と神は言うが、ともに苦しんでも何の助けにもならない。苦しいときに神に祈る。すると、自分も苦しんでいるというのでは頼りにならない神である。特にその苦しみが神からきているものであれば、自分も苦しんでいるというのは責任のがれである。

195　「私の神よ、私の神よ、なぜ私をお見捨てになるのか。なぜ私を遠く離れ、救おうとせず、呻きも言葉もきいてくださらないのか」（詩編二二）。

196　聖ドニは首を切られた後、その首を拾って歩いていった。

197　天に上ってゆくことができるなら、なぜ、十字架上でそれをしなかったのだろうか。

198　大戦中は、各国で強制収容所が作られ、対戦国の出身者たちが収容されていた。アメリカにもあり、日系の市民が収容されていた。その検証もそれなりに必要だが、アウシュヴィッツのような「絶滅収容所」ではなかった。捕虜収容所については、日本のそれが非人道的な施設であり、そこでは捕虜の虐殺もおこなわれていたことは東京裁判その他で告発されている。

199　マルチン・ブーバーは「ホロコーストは『神の衰微』で起こった」とした（越智道雄『終末思想はなぜ生まれてくるのか』）。リチャード・ルーベンスタインは「そういう神がいるのなら、アウシュヴィッツに対する究極の責任をとるしかない」と言った（同上）。

200　アウシュヴィッツの犠牲者数は一一〇万前後、その他の収容所ほかの犠牲者を入れて、ホロコーストの犠牲者数は六〇〇万前後とみられる（芝健介『ホロコースト』）。そのほか、ソ連兵の捕虜の餓死者三三〇万がいる（同上）。

201　もちろん南京以外でも残虐行為があったろう。マレーシアでも「虐殺」があったようだし、バターン死の行進もあった。その一部は中島みち『日中戦争いまだ終わらず』（一九九一年）にも報告されている。

202　戦争ではなく革命であっても同様であることは文革の虐殺行為を告発する文献を読んでも理解される。あるいは、その逆の立場においても、戦前の日本の特高の「主義者」の拷問などでも非人道的な残虐さがみられた。

203　ここで神が沈黙を破ったとする論があるが、これはロドリゴの心内の声で外から聞こえた声ではない。神が沈黙しているので、ロドリゴが自分で自分に言ったのだ。

204　アーリア系という証明書をみせて取り締まりを逃れた人たちもいたという。

205　治癒例二五〇〇件のうち奇跡の認定を受けたものは六八件（Wikipedia）。

206　この若宮は「水霊的性格を持つ農業神で、しかも若宮という元来が荒々しい御霊的性格を持つ童形神であった」（三隅治雄「日顕の神祭と内外の芸能」『祈りの舞』）。

207　ナチのガス室とおなじように、「魔女裁判はなかった」とする歴史家がいるが、その根拠とされる十九世紀の偽書一冊をもって、魔女事件すべてを抹殺するのは問題だろう。ボダン、ボゲ、ランクルらの証言は明白である。否定さるべきは魔女の存在であり、魔女狩りは事実である。

208 黒色の木像が多いが、青銅のものもある。衣服はたいていあとから覆いかけられる。

209 四三一年のエペソス公会議で、マリアを神の母とすることが認められたが、神と同列で崇拝することは認められていない。

210 日本へ来たフランス人は、経年で彩色が失われ、黒っぽい艶をたたえた中宮寺の本尊、如意輪観音を見て黒聖母だという。聖徳宗中宮寺は法隆寺に隣接し、聖徳太子が母后のために創建した尼寺。

211 南フランスで見られる「アヒル足聖母」信仰もいかがわしい民間信仰である。異教徒との戦争で虜になろうとした城の女主が神に祈るとガチョウになったという伝承があり、シバの女王がサルの足をしていたという伝承もあり、それらが一つになってアヒル足、あるいはガチョウ足聖女が生まれる。レプラで足が変形したものともいわれる。いずれにしてもキリスト教を捨てるよう迫られてそれを拒否したために足が変形したなどという伝承が語られ、聖女、あるいは聖母として信仰されるのである。なお、フランスの神話では、ガチョウ足妖精（レーヌ・ペドーク）の伝承も伝わっている。羊飼いの青年が妖精の洞穴で、夢のような生活をしているが、ある時、寝ている妖精の足を見たらガチョウだったというものである。

212 スコットランドロッジに対抗して大東方会（グラントリオン）が、エジプト神話をとりいれた。

213 あるいは地蔵信仰だろう。地蔵菩薩をまつる寺はあるが、庶民は路傍の地蔵に赤いよだれかけをかけたり、毛糸の帽子をかぶせたりして、日々、わずかな供え物をして、生活の信仰としていた。とくに水子地蔵などは、堕胎した子供を祀る信仰で、総じて地蔵は子供たちの守り神とされた。

214 橘などにつくアゲハの幼虫を祀ると富が与えられるというので、競って、その虫に酒や食べ物を供え、怪しげな祭祀をおこなう集団が都まで流れていったのである。秦の河勝はそれに対して、邪教として討伐した。

215 天伯と書いて、天狗と同一視するものもある。

216 『天稚彦物語』では、川の主の蛇神が長者の娘と一緒になり、美しい若者に変身して幸せにすごしているが、ある時、天に用があるといって、開けてはならない櫃をおいて天に昇ってゆく。娘はいつまでたっても夫が戻ってこないので、天へ昇ってゆく。天では、夫の舅の鬼が種々難題をだす。それを夫の助けで解決してゆくが、最後に月に一度会えるはずが、年に一度と聞き間違え、涙を流すとそれが天の川になる。

217 岩に乗って日本までやってきたという細烏も漂着神だろう。天の日槍をのがれてきたというアカヒルメも同じだろう。

218 それらの漂着神は天から落ちて海上を漂っていたか、あるいは常世から流れてきたかだが、常世と天を同一視すれば、やはり天から落ちた神なのである。

219　白峰神宮に崇徳の霊が鎮座したのは慶応四年である。

220　鎌倉の地を開いたとされる鎌倉権五郎景政をまつる。御霊神社といわれるが、景政は怨霊ではない。

221　シヴァの住まいはカイラーサ山で、これは聖地として巡礼の対象になっている。

222　世界で最初に栽培された穀物は小麦である。小麦を栽培するのは乾燥農業であり、コメは主として湿式農業で栽培されてきた。

223　このような設問は無意味であるという意見もあるだろう。神というものが物質的なものではなく、観念的なものだから、衣食住といった人間的問題は超越しているのだというのだ。しかしドッズの『ギリシャ人と非理性』に引かれた例として神が住居を求めたという話がある。「一人の司祭が夢の中でサラピスに語りかけられたが、その命ずるところは、神サラピスは下宿住まいに疲れたので、彼のために、彼自身の家を建てよ、とのことであった」。神のために神殿を建てて、祭祀をおこなえというお告げはよく聞くところだが、居住用の「家」を神が求めたというのは珍しい。そのような「家」であれば、台所や、浴室や、便所も必要だろう。しかしそうなると、これは神の観念に背馳することになる。夢に現れたのは神ではなかったといわざるをえないだろう。本論で問題にする「神の住まい」にしても、そのような人間的衣食住にかかわる具体的問題を取り上げているのではない。「神はどこにいるのか」を問うのである。

224　もちろん神話的誇張表現があり、三〇〇〇メートルの山頂までも、一矢でとどくかもしれない。赤子として生まれたゼウスもあっという間に大きくなる。地上的論理と神の論理はちがうのである。それでも高天原と地上との近接性はあきらかである。

225　「雲の上」は確かである。天孫降臨の場で、群雲をかきわけて降りてくる。しかし、となると雲一つない晴天のときはどうなるのだろう。

226　エジプトでも同様な祭儀が知られており、アメン神は妻であるムウト女神の神殿を訪れ、二四日にわたって滞在した（デイヴィッド『古代エジプト人』筑摩書房）。なお、日本でも、住吉では、「神功皇后、住吉大神と密事あり」と『住吉神代記』にある。

227　例外はデーメーテールで、娘のペルセポネが戻されるまでは、オリュンポスに住むことを拒否して、エレウシスの神殿にこもっていた。

228　もちろんメンフィスやヘリオポリスにも神殿はあったが、ある時期以降はテーベがエジプトの宗教センターになった。

229　高天原がどこかという問いには根の国の位置についての考察が対比される。高天原から降りていったところに根の国があるのである。そこがスサノオの住まいである。『古事記』の描写では、蛇の室や蜂の室があるほか、野原があって、そこでスサノオが鏑矢を射る。それを探しに行ったオオナムチが、ネズミの穴に潜って、野火をさける。スサノオの宮居については記述がない。しかし彼がそこに「住んで」いたことは確かである。ただしどんな住まいであったかはわからない。山口博は「地下界の豪邸に娘と暮らして」いたと言っているが、「豪邸」ではあるまい。彼がオオナムチに試練を課すところは、ヨーロッパの昔話「悪魔の娘」を思わせる。悪魔は黒山に城を建てて、そこに娘とともに住んでいる。そこを訪れた主人公は、「悪魔」すなわち、冥界の王から、日本の天人女房の話とおなじような試練を課される。森を切り開いて、種を播き、一日で収穫してパンを焼くなどである。悪魔の娘と主人公は呪的逃走によって、逃げ出す。スサノオとスセリ姫のいた根の国は「悪魔の娘」の黒山の城に相当する。山口博は、『創られたスサノオ神話』で、根の国を高句麗壁画古墳と比較する。安岳古墳は立派な地下宮殿である。同書はオロチョンの冥界を訪れたシャーマンの報告も紹介している。「そこの生活は地上のそれと完全に一致していて、宮殿のようにひろびろとした屋敷と庭がある。家畜や動物もおり（……）あらゆるものがそろっている」。根の国、オロチョンの冥界、「悪魔の娘」の黒山は同じである。スセリ姫は悪魔の娘になる。なお、ヨーロッパの伝承で「悪魔の宝」は、悪魔の家へいって宝を取ってくる話だが、そこには天の沼琴に相当する不思議なヴァイオリンがある。主人公は悪魔が寝ている間に、髪を垂木に結わえ付けて、そのヴァイオリンを取ってくるが、扉のかまちに楽器をぶつけて音をたててしまう。悪魔が目を覚まして追いかけてくるという話になり、根の国の話と同じである。なお、日本神話と世界の昔話を対比させることは、神話と神話の比較より豊穣である。因幡の白兎からヤマタノオロチ、トヨタマヒメの物語まで、世界の昔話と対比したときに隠された構造があきらかになる。たとえばヤマタノオロチはアンドロメダ神話より、「七つ頭の竜」の民話に近い。定期的な生贄を求める多頭竜の退治の話であるからだ。アンドロメダは海の神の怒りに触れて、怪物を送られた。これらはヤマタノオロチの話には一致しない。

230 高千穂の上空だと二〇〇〇メートルを超え、水田はできないかもしれない。

231 山口博はこの機屋をモンゴルなどのパオに似た天井に煙出し窓のあるものとしている。その穴からスサノオが馬の皮を投げ込むのである。なお、これは皮をはいだ馬体ではなく、皮である。シベリアでも馬犠牲の儀礼では馬の皮を竿にかかげる。馬自体だと屋根を全部はがさないと入れられないし、それを投げ入れるのは一人では不可能である。

232 折口信夫は『異郷意識の進展』で、「さて高天原を考えた人民は、少なくとも高原に住んでいた人間であらねばならぬ」と言っている。

233 そこから、清田圭一は『自然の神々』で、高天原は朝鮮半島南部かという。これは折口説をうけているのかもしれない。江上波夫も『騎馬民族国家』で、「高天原が南朝鮮であったことを示唆する」と言っている。神話の形成が文化的事象である限りにおいて、その可能性も否定できないが、それは常陸でもあり、大和でもあったという多様性のひとつでしかない。

234　同書では「川上の聖地、つまり天つカミの降臨する最も神聖な場所は、それぞれみな高天原と信ぜられるだけの根拠はあった」とも言われる。

235　たとえばロキはさる女神が寝ている寝室に忍び込んで、女神の金髪を切り取ってしまう。つまり北欧の神々はアスガルドで、夜になると寝るのである。ギリシャでも夜は夜の女神が帳をひいて暗くし、朝になると夜明けの女神が「バラの指」で夜の帳をあけて、明るくする。日本でも「日の女神」が高天原にいて、昼夜の交代を司っているなら、その日の女神をはじめとして、夜は寝て、朝になれば起き出してくるはずである。たしかに天の機屋では、朝、太陽に着せかける日の衣を織っている。そこには昼夜の交代があり、地上とおなじように夜は神々も寝床に入って寝るのである。少なくとも月神が支配する夜の世界と日の神あるいは日の巫女がとりしきる昼の世界がある。それと物神としての太陽は別である。太陽は東南アジアの太陽神話が語るように太陽洞窟に寝ている。朝になると洞窟をでて、日の衣をまとって東の空にのぼってくる。アマテラスは太陽そのものとは別の神格で、昼夜の別と太陽の進行を司る。夜になれば女神も床に臥す。彼女が洞窟にこもったときは、太陽もそこにこもった。

236　岡山の新見市に日咩《ひめ》坂《さか》鐘乳《かなち》穴神社《あなじんじゃ》と称する神社があり、鍾乳洞をご神体としているが、そこにオオナムチの神霊をまつったといい、その神霊がそこに鎮座しているという。これは神の常住する神社の例だろう。岡山県にはほかに井戸《いど》鐘乳《かなち》穴神社《あなじんじゃ》（真庭市）、穴門《あなと》山神社《やまじんじゃ》（高梁市）もあり、いずれも鍾乳洞を神の鎮座地としている（『日本の神々、神社と聖地2』）。なお、三輪山について『大和名所図会』は、「三室とは神のやしろなり」といっている。神が常時いますところも、山や洞穴にいくつかあるのである。

237　日本の神社には神は住まわない。一方エジプトでは「神殿は、そこに宿る神の住居」であった（デイヴィッド『古代エジプト人』筑摩書房）。

238　折口信夫は初期の天皇は高天原から来たと考えていた。「天子は、この時遠くより来たまれ人神であり、高天原の神でもあったのだ」（『ほうとする話』）。

239　「天野原には石の門があり、それを開いて天下りや神上がりする」（辰巳正明『万葉集の歴史』）。

240　五来重《ごらいしげる》は『日本人の地獄と極楽』で高天原を「山上の平地なるがゆえに「高間原」とされ、神々のパンテオンであるとともに、霊の集会する霊場であったのであろう」と言っている。

241　神話に史実を見ようとするエウヘメリスムとおなじく、現実の地理に神話を見ようとすることも神話の本質を見失ったものである。

242　鹿島の神は『常陸の国風土記』に「高天の原より降り来し大神」で「天の大神」とされている。
243　大和葛城の金剛山の中腹にも「高天原伝説地」としるした石碑がある。それについて、鳥越憲三郎は「まこといみじく高天原だといったものだ」という（『神々と天皇の間』）。
244　「日本の神社が、神の常住する場所でなく、神を迎える季節に人々の忌みこもる場所であったことは、ぜひこの際想起しておく必要がある」（益田勝実『秘儀の島』）。中山太郎も『日本巫女史』で「我国の神社は、神が下ってきた時だけ宿るところ」という。それに対してエリアーデは、「古代近東のいたるところで、……神々は神殿に『住んでいた』」という。ジュリアン・ジェーンズの『神々の沈黙』では、「神々は、飲酒や食事、音楽や踊りを好んだ。眠ったり、ときおり配偶者として訪れるほかの神像との性行為を楽しんだりするための寝台も必要とした」とある。なお、各宗教は教会、モスク、シナゴーグ、孔子廟などと固有の名前で、その聖所を呼んでいる。
245　フランス語では sanctuaire を shrine にあてている。
246　益田勝実は『古事記』で、「日本の神の特質は、神が信仰者のところに常在する神ではなく、祭りの季節にだけ来訪してくる、『やってくる神』、祭りはてて『帰っていく神』である、というところにある」と言っている。それならそれで、何処へ帰ってゆくのかが問題であろう。
247　しかしアスガルドは信仰の対象ではない。
248　新井白石は常陸の国の海上にあるとした（『古史通』）。伊勢貞丈は大和国葛上郡高天山の上空にあるとした（『神道独語』）。
249　「高天原はほかならぬ筑紫の上にあったのである」金子武雄（安本美典『高天原の謎』講談社現代新書、一九七四年）。
250　「高天原の一世界は、その地名に、大和の皇都付近で有名な香山や高市をそっくり適用してあると同じく、皇祖神の居所として、この国土、むしろ大和の状態をそのままにあてはめてある」（津田左右吉『神代史の新しい研究』）。
251　新井白石も常陸説をとった（田中英道『高天原は関東にあった』）。
252　「その山頂の神壇樹の下を神市（すなわち神の集まるパンテオン）と呼んでいる」（三品彰英『日本神話論』）。なお、江上波夫に既述（註233）のように高天原＝南鮮説もある。
253　「あが住所をば、天津神の御子の天津日継しらしめすとだる天の御巣なして」（平野仁啓『日本の神々』）。また出雲大社は「大国主のご住所として造営された」（千家尊統『出雲大社』）ともいう。
254　そもそも高天原にも浴室や便所はなかった。であればこそ天人たちは地上へ降りてきて、水浴びをしたし、スサノオは祭殿に糞をまき散らしたのである。
255　ほかの神社の神幸祭でも、神の休憩所としての御旅所が設けられる。

256　その高千穂がどこかも議論を呼んでいる。ことに韓国に面しているという記述につまずく論者が少なくない。これは史実と神話の一致説（エウヘメリスム）とおなじで、神話の国の地理を地上の地理的現実と無理に一致させようとする妄説である。

257　猿田彦を祖とする宇治土公氏が外宮の近くに猿田彦神社を主宰している。

258　ただし天空図は地上のそれぞれの地域で異なっている。太陽も晴天か曇天かといった大気圏の状態によって、地域ごとにちがった顔をみせる。にもかかわらず太陽は一つである。

259　「深く神秘な水をたたえたところなら、日本人はどこにでも竜宮を思い描くことができた」（久野昭『日本人の他界観』）。中西進も『漂泊』で言う。「遠い海上彼方に確かに存在はするが、どこという場所を意識したものではなかった」。

260　安本美典に高天原＝邪馬台国説があるがここでは参考にするにとどめた。ほかに富士山説などもある。

261　西郷信綱は「天上他界」という（『古事記の世界』）。

262　そして最後は海のかなたの常世へ去っていった。高天原へ「神上がり」はしなかったのである。またこの神は大国主とともに石になって常陸の大洗海岸に寄りついた。これは高天原の所在とともに常世の所在を問う議論に材料を提供する。

263　日本神話の三層構造として、天と地と地下を見る垂直構造論と、ニライカナイなどの海上他界をふくむ水平構造論があるが、まず垂直の三層構造はギリシャをはじめ、世界中に存在する基本的構造で、日本ではそれに黄泉の国や常世が加わって、多層的になっていること、高天原と大和盆地などは対応するものの、それと根の国は対応せず、垂直軸からずれていることを認識して、考え直さなければならない。

264　しかし、ニンフや牧神をまつる神殿はめったにない。

265　アルプスなどのカーニヴァルの異相の訪れ神は山からやってくる。

266　かぐや姫は月世界から罪をおかして地上に落とされた。星の王子にも何らかの罪を想定することができなくはない。例えば、星の女神であるバラに対する不敬の罪があったかもしれない。

267　死後の幻覚というのはおかしい。飢えと渇きで死線をさまよう飛行機乗りが見た幻覚である。そこで星からやってきた妖精の幻に出会う。死後の世界の幻覚を見るというところだろう。

268　王子が飛行機乗りと出会うまでに、キツネとの出会いがあり、相当の時間がたっていると考えられる。その間、何かを食べていた形跡はない。のどの渇きは訴えている。その行動形態は霊のそれである。

269　Juge intègre は完璧な判事とも、清廉潔白な判事とも訳せる。「正しき裁き人」という訳もある。情実に流されることもなく、賄賂を受けることもなく、常に判事の職を全うしている判事の中の判事といった意味である。英語では just judges と複数になる。オランダ語では Rechtvaardige Rechters である。

270　《ヘントの祭壇画》の盗難はたとえば《モナ・リザ》の盗難と同じくらいの大事件である。事件はいずれ明るみに出るだろう。そしてクラマンスが売り交渉をした相手として「パリの弁護士」の名前も出るかもしれない。それが彼の「転落」を引き起こすかもしれない。その危ない取引は悪魔の誘惑だったかもしれないのである。このパネルの盗難は事実である。

271　椿姫は彼女自身が転落し、病をえて死ぬ。もちろん彼女のために破滅した男は数知れない。しかしアルマンとの場合はちがっていた。本当に愛したアルマンのために、彼女は身を切られる思いで、身を引いた。と同時にそれまで待たせていた死の時がやってきた。彼女は愛のために死んだ女だった。それまでの華麗な男性遍歴は、その頂点で、死へ転落するためのものだった。

272　かぐや姫と同じような話が中国でみつかっているが、「罪」の話や、最後の不死のくすりの話などは『竹取物語』だけである。

273　高橋亨も「性的な罪」という（「竹取物語論のための序説」『古代文化』一九七六年五月）。

274　『海道記』ではかぐや姫は鶯の卵から生まれる。昔話『鶯の里』でも、隠れ里の女は鶯になって法華経を読みためていた。女の家に招かれ、留守の間、開けてはいけない扉を開けないことと言われた男は、禁を破って、扉を開ける。すると梅の木が一本だけ生えていて、そこに鶯の巣がある。中に卵がある。男はそれを手にとってみて、落としてしまう。卵は割れ、鶯の声が聞こえる。その卵こそ、二人の愛のしるしだった。落ちて割れた卵は鶯神の子だったのだ。

275　「黙示録」で、竜が落ちた時、天の星も三分の二がともに落ちた。

276　作者も実際に逮捕され、南イタリアの海岸の村に流された。

277　サント＝ブーブがヴィニーの高踏趣味を批判して使ったのが、近代の使用例のはじめという。

278　山本五十六の撃墜については彼の視察飛行について暗号が解読されていた等々の説があり、長官の死を惜しむ人が多いが、このあと生き残っていても、負け戦で、最後は戦犯として裁かれていたのは必至で、むしろいい時に撃墜されたといえるかもしれない。

279　社会学者のマフソリは自然破壊の代償によって科学技術の発達に寄与したプロメテウスに対し、自然の官能の喜びを歌うディオニュソスに未来をみている。少なくとも彼は落ちた神であり、二度死んだ神である。人間の宿命である死と失墜を知っている神なる神である。テセウスに捨てられたアリアドネに手を差し伸ばしたのである。彼こそ落ちた人間を救える神ではないだろうか。

280　―先導はブロミオス―　エー・ホイ！（エウリピデス『バッカイ』）。ブロミオスはディオニュソスのこと。安達によれば、ディオニュソスはまれ人、訪れ人であった。

主な参考文献

キャサリーン・アーノット採録／小室輝昌訳　アフリカの神話と伝説　東京図書出版　二〇一七
ギュンター・アンダース／青木隆嘉訳　核の脅威　法政大学出版局　二〇一六
イエンゼン／大林太良ほか訳　殺された女神　弘文堂　一九七七
フランツ・カフカ／池内紀訳　流刑地にて　白水Uブックス　白水社　二〇〇六
アルベール・カミュ　転落　ある臨床例　他　カミュ全集8　新潮社　一九七三
ジャン・デ・カール／三保元訳　狂王ルートヴィヒ　中公文庫　一九八七
マイケル・グラントほか／西田実ほか訳　ギリシア・ローマ神話事典　大修館書店　一九八八
ミランダ・グリーン／井村君江監訳　ケルト神話・伝説事典　東京書籍　二〇〇六
マイケル・ケリガン／高尾菜つこ訳　図説ケルト神話伝説物語　原書房　二〇一八
サルトル／生島遼一訳　悪魔と神　新潮社　一九七一
サン＝テグジュペリ／内藤濯訳　星の王子さま　岩波書店　一九九三
ジュリアン・ジェインズ／柴田裕之訳　神々の沈黙　紀伊國屋書店　二〇〇五
ロバート・シェリフ／白木茂訳　ついらくした月　岩崎書店　二〇〇三
ルネ・ジラール／岩切正一郎訳　サタンが稲妻のように落ちるのが見える　新教出版社　二〇〇八
ジャン・セズネック／高田勇訳　神々は死なず　美術出版社　一九七七
エミール・ゾラ／田辺貞之助・河内清訳　居酒屋　岩波文庫　一九七二
カレル・チャペック／田才益夫訳　流れ星　青土社　二〇〇八
ロザリー・デイヴィッド／近藤二郎訳　古代エジプト人　筑摩書房　一九八六
ディアンヌ・デュクレほか編／清水珠代訳　独裁者たちの最期の日々　原書房　二〇一七
ドッズ／岩田靖夫・水野一訳　ギリシァ人と非理性　みすず書房　一九七二
トロツキー／藤井一行訳　裏切られた革命　岩波文庫　一九九二
ペタル二世ペトロビッチ＝ニェゴシュ／田中一生・山崎洋訳　山の花輪　小宇宙の光　幻戯書房　二〇二〇

シルヴァン・ヌーヴェル／佐田千織 訳　巨神降臨　創元SF文庫　東京創元社　二〇一八
クリスティーネ・ネストリンガー／佐々木田鶴子 訳　空からおちてきた王子　ほるぷ出版　一九九一
ハインリヒ・ハイネ／小沢俊夫 訳流　刑の神々・精霊物語　岩波文庫　一九八〇
パヴェーゼ／河島英昭 訳　流刑　岩波文庫　二〇一二
リン・ピクネット／関口篤 訳　光の天使ルシファーの秘密　青土社　二〇〇六
ジャン＝クリストフ・ビュイッソン／神田順子ほか訳　暗殺が変えた世界史　原書房　二〇一九
ニール・フォーサイス／野呂有子 監訳　古代悪魔学　法政大学出版局　二〇〇一
ミカエル・フッセル／西山雄二ほか訳　世界の終わりの後で　法政大学出版局　二〇二〇
アナトール・フランス／川口篤 訳　天使の反逆　長篇小説全集一五　白水社　一九五一
フィリップ・プレイト／斉藤隆央 訳　宇宙から恐怖がやってくる！　日本放送出版協会　二〇一〇
アベ・プレヴォ／河盛好蔵 訳　マノン・レスコー　岩波文庫　一九八一
ルチアン・ボイア／守矢信明 訳　世界の終末　パピルス　一九九二
バーナード・マッギン／松田直成 訳　アンチキリスト　河出書房新社　一九九八
ウイル・マッキントッシュ／茂木健 訳　落下世界　創元SF文庫　東京創元社　二〇一九
ゲルハルト・マルセル・マルティーン／野村美紀子 訳　世界の没落　青土社　一九九六
メアリ・ミラーほか編／武井摩利 訳　図説マヤ・アステカ神話宗教事典　東洋書林　二〇〇〇
ミルトン／平井正穂 訳　失楽園　岩波文庫　一九八一
ドミートリイ・セルゲーエヴィチ・メレシコーフスキイ／米川正夫 訳　背教者ユリアヌス：神々の死　河出書房新社　一九八六
タニス・リー／浅羽莢子 訳　堕ちたる者の書　角川書店　一九九二
クロード・ルクトゥ／篠田知和基 監訳　北欧とゲルマンの神話事典　原書房　二〇二〇
ジャン・レー／篠田知和基 訳　マルペルチュイ　妖精文庫　月刊ペン社　一九七九
ジョエル・レヴィ／柴田譲治 訳　世界の終焉へのいくつものシナリオ　中央公論新社　二〇〇六
ジョン・ロナー／鏡リュウジ・宇佐和通 訳　天使の事典　柏書房　一九九四
東実　鹿島神宮　学生社　一九六八
安達史人　神々の悲劇　北宋社　一九八三
阿部真司　蛇神伝承論序説　伝統と現代社　一九八一

阿部年晴　アフリカの創世神話　紀伊国屋書店　一九六五
石上玄一郎　エジプトの死者の書　人文書院　二〇〇二
石田一良　カミと日本文化　ぺリカン社　一九八三
稲田浩二ほか編　日本昔話事典　弘文堂　一九九四
梅原猛　隠された十字架　新潮社　一九八一
袁珂／鈴木博訳　中国の神話伝説　青土社　一九九三
遠藤周作　海と毒薬　文藝春秋　一九七九
遠藤周作　沈黙　新潮社　一九六六
大木英夫　終末論　紀伊國屋新書　一九七二
大林太良・吉田敦彦監修　日本神話事典　大和書房　一九九八
大和岩雄　天狗と天皇　白水社　一九九七
越智道雄　〈終末思想〉はなぜ生まれてくるのか　大和書房
　一九九五
折口信夫　異郷意識の進展　中央公論社　一九六七
笠原十九司　南京難民区の百日　岩波書店　一九九五
梶井基次郎　全集Ⅰ　筑摩書房　一九九九
上坂冬子　生体解剖　中公文庫　一九八二
上村勝彦　インド神話　筑摩書房　二〇〇三
北沢方邦　日本神話のコスモロジー　平凡社　一九九一
北山茂夫　平将門　朝日選書　一九九三
清田圭一　自然の神々　八坂書房　二〇〇〇
金両基　韓国神話　青土社　一九九五
久野昭　日本人の他界観　吉川弘文館　一九九七
倉本一宏　平安朝皇位継承の闇　角川選書　二〇一四
桑田忠親　反逆の系譜　講談社文庫　一九八七
古事記　日本古典文学大系　岩波書店　一九七二
小島菜温子　かぐや姫幻想　森話社　一九九五
小松左京　日本沈没　光文社　一九九五
五来重　日本人の地獄と極楽　人文書院　一九九一
西郷信綱　古事記の世界　岩波新書　一九六七
佐藤正英　古事記神話を読む　青土社　二〇一一
古本説話集　日本古典全書　朝日新聞社　一九六七
今昔物語集　日本古典文学大系　岩波書店　一九七二
沢木耕太郎　イルカと墜落　文藝春秋　二〇〇二
重松一義　日本流人島史　不二出版　二〇一一
篠田知和基・丸山顯德編　世界神話伝説大事典　勉誠出版
　二〇一五
芝健介　ホロコースト　中公新書　二〇〇八
島田孝右・島田ゆり子　踏み絵　東西交流叢書7　雄松堂出版
　一九九四
神仏習合の本　New sight mook. Books Esoterica　第45号　学習研究社
　二〇〇八
杉勇・尾崎亨訳　シュメール神話集成　ちくま学芸文庫　二〇一五
杉原たく哉　天狗はどこから来たか　あじあブックス62　大修館書
　店　二〇〇七
聖書　新共同訳　日本聖書協会　一九八九

関根賢司　竹取物語論　おうふう　二〇〇五
千家尊統　出雲大社　学生社　一九六八
宗谷真爾　虐殺された神　中央公論社　一九六一
高橋和己　悲の器　河出書房新社　一九六二
高橋保行　神と悪魔　角川選書　一九九四
辰巳正明　万葉集の歴史　笠間書院　二〇一一
田中英道　高天原は関東にあった　勉誠出版　二〇一七
田中英道　天孫降臨とは何であったのか　勉誠選書　二〇一八
谷川健一編　日本の神々　神社と聖地2　白水社　一九八四
知切光歳　日本の仙人　国書刊行会　二〇〇七
筑紫申真　日本の神話　筑摩書房　二〇一九
津田左右吉　神代史の新しい研究　古事記及び日本書紀の新研究
　津田左右吉全集別巻第1　岩波書店　一九六六
戸井田道三　狂言　平凡社ライブラリー　一九九七
中川右介　悪の出世学　幻冬舎新書　二〇一四
中沢新一　神の発明　講談社選書メチエ　二〇〇三
中嶋嶺雄　北京烈烈　講談社学術文庫　二〇〇二
永島福太郎ほか　祈りの舞　東方出版　一九九一
中西進　漂泊：日本的心性の始原　毎日新聞社　一九七八
中村雄二郎　魔女ランダ考　岩波現代文庫　二〇〇一
中山太郎　日本巫女史　国書刊行会　二〇一二
日本書紀　日本古典文学大系　岩波書店　一九七二
秦郁彦　南京事件　中公新書　一九八六
八田幸雄　神々と仏の世界　平河出版社　一九九一
原田武　異端カタリ派と転生　人文書院　一九九一
原田実　もうひとつの高天原　批評社　一九九一
平野仁啓　日本の神々　講談社　一九八二
益田勝実　古事記　岩波書店　一九九六
益田勝実　秘儀の島　ちくま文庫　二〇〇六
三品彰英　日本神話論　平凡社　一九七四
御手洗勝　古代中国の神々　創文社　一九八四
宮田登ほか　講座日本の民俗宗教　3神観念と民俗　弘文堂
　一九七九
村山修一　変貌する神と仏たち　人文書院　一九九〇
村山修一　本地垂迹　吉川弘文館　一九七四
明治大学現代中国研究所ほか編　文化大革命　白水社　二〇一七
安田元久　平清盛　宮帯出版社　二〇一一
安村典子　ゼウスの覇権：反逆のギリシア神話　京都大学学術出版
　会　二〇二一
山口博　創られたスサノオ神話　中央公論新社　二〇一二
義江彰夫　神仏習合　岩波新書　一九九六
米田周ほか　アウシュヴィッツの沈黙　東海大学出版会　二〇〇八

著者紹介

篠田知和基（しのだ ちわき）

1943年東京生まれ。パリ第8大学文学博士。名古屋大学教授ほかを歴任。比較神話学研究組織GRMC主宰。

著書：『幻影の城－ネルヴァルの世界』（思潮社）、『ネルヴァルの生涯と作品－失われた祝祭』（牧神社）、『土手の大浪－百閒の怪異』（コーベブックス）、『人狼変身譚』（大修館書店）、『竜蛇神と機織姫』（人文書院）、『日本文化の基本形○△□』『世界神話伝説大事典』〔共編〕『世界神話入門』『フランスの神話と伝承』（勉誠出版）、『空と海の神話学』『魔女と鬼神の神話学』『光と闇の神話学』（楽瑯書院）、『世界動物神話』『世界植物神話』『世界鳥類神話』『世界昆虫神話』『世界魚類神話』『世界風土神話』『世界異界神話』『愛の神話学』『ヨーロッパの形－螺旋の文化史』（八坂書房）、ほか多数。

訳書：ジョルジュ・サンド『フランス田園伝説集』（岩波文庫）、ジャン・レー『新カンタベリー物語』（創元推理文庫）、ジェラール・ド・ネルヴァル『東方の旅』（国書刊行会）、ジェラール・ド・ネルヴァル『オーレリア』『火の娘たち』『ローレライ』（思潮社）、ほか多数。

世界失墜神話

2023年 4月25日　初版第1刷発行

著　者　篠田知和基
発行者　八坂立人
印刷・製本　シナノ書籍印刷(株)

発行所　(株)八坂書房
〒101-0064 東京都千代田区神田猿楽町1-4-11
TEL.03-3293-7975　FAX.03-3293-7977
URL: http://www.yasakashobo.co.jp

ISBN 978-4-89694-340-5